W0076503

Jonathan Carswell / Joanna Wright

Susanne Geske:
Ich will keine Rache

Das Drama von Malatya

BRUNNEN

VERLAG GIESSEN · BASEL

Die englische Originalausgabe erschien unter dem Titel „Married to a Martyr –
The authorized biography of a widow in Turkey" bei Authentic Media,
a division of IBS-STL, Milton Keynes, Großbritannien
© 2008 Jonathan Carswell / Joanna Wright

Deutsche Übersetzung: Markus Baum

FSC
Mix
Produktgruppe aus vorbildlich
bewirtschafteten Wäldern und
anderen kontrollierten Herkünften

Zert.-Nr. SGS-COC-1940
www.fsc.org
© 1996 Forest Stewardship Council

Die Bibelzitate sind, soweit nicht anders angegeben, aus:
Die Bibel, Revidierte Elberfelder Bibel,
© R. Brockhaus Verlag Wuppertal 1985/1991

© der deutschen Ausgabe: 2008 Brunnen Verlag Gießen
www.brunnen-verlag.de
Umschlagfoto: Corbis; Onesimus; FAZ
Umschlaggestaltung: Ralf Simon
Satz: DTP Brunnen
Druck und Bindung: GGP Media GmbH, Pößneck
ISBN 978-3-7655-1985-7

Inhalt

Susanne Geske zur deutschen Ausgabe   5

Einleitung   9

„Ich wollte immer alles im Griff haben"   11

Alles und ganz   18

Ein mittleres Wunder   20

Irgendein islamisches Land   27

Vorbereitung in Lindau   31

Ein unmöglicher Typ   35

„Darf ich dich mal was fragen?"   37

Die Türkei ruft   44

Erste Überlegungen   47

Das Training beginnt   50

Mit schwerem Gepäck unterwegs   53

Schwarz und Weiß in Adana   56

Die Arbeit macht Fortschritte   62

Mühsame Suche   66

„Ich habe Ihnen doch gesagt –
Sie bekommen die Wohnung!"   71

In Malatya   74

„Wir erwarteten nicht, dass etwas passieren würde"   79

Ein Treffen mit „Suchenden"   81

„Sagen Sie mir, was Sie wissen!"   84

„Dein Papa ist tot"   89

So viel Gesellschaft – und doch so allein   91

Wohin nun?   93

Gerüchte und Lügen   96

Die Fakten   101

Die Beerdigung   104

Ein Lichtstrahl   115

Weltweite Reaktionen   120

Recht und Vergebung   125

Er war ein Gentleman   128

Nicht das Ende   133

Nachwort   137

Dank   141

Benutzte Literatur / Rechtenachweis   143

Anmerkungen   144

Susanne Geske zur deutschen Ausgabe

22.25 Uhr – meine große Tochter ist auch endlich im Bett. Nur noch den Frühstückstisch vorbereiten und die Wäsche in die Maschine. Nachtstrom ist viel billiger. Auf welchem Kanal gibt es jetzt noch deutsche Nachrichten?

Seit dem 18. April 2007 hat sich unser Leben drastisch geändert. Der Tag ist gefüllt mit Aktivitäten, die es früher so nicht gab. Wir bekommen sehr viel Post mit tröstenden und ermutigenden Worten, zu deren Erfassung, Beantwortung und Archivierung ich schon mehrmals eine Freundin als Sekretärin „einstellen" musste.

Die Medien sind immer noch ein allgegenwärtiger Begleiter, und auch sonst kommen viele Anfragen, von verschiedenen Organisationen, um dort zu reden.

Dann gibt es die kleine Gemeinde vor Ort, die mit Hilfe eines Teams geleitet werden will. Und meine eigentliche Aufgabe, Nachbarn und Freunde zu besuchen, um ihnen von Jesus zu erzählen, sollte nicht zu kurz kommen.

Als unfreiwillig Alleinerziehende mit drei Kindern, die nach dem Trauma nicht allein zu Hause bleiben, habe ich nicht geringe logistische Probleme zu lösen, wenn die eine zum Geigen, die andere zum Klavierunterricht gebracht werden muss und dann noch dreimal die Woche Schwimmen für die Kleine auf dem Programm steht. Aber Gott ist treu und hilft, indem er mir viele Helfer zur Seite stellt, Ausländer wie Türken.

Und unsere Seelen? Manchmal komme ich mir vor wie in einem Film, es ist alles so unwirklich. Als Familie haben wir noch einen langen Weg bis zur Akzeptanz vor uns.

5

Und die Mörder meines Mannes? Ich bin oft gefragt worden, was ich empfinde, wenn ich ihnen im Gerichtssaal begegne. Ich sehe sie als fünf gewöhnliche junge Männer, die ihr Leben durch diese Tat verpatzt haben.

Vom ersten Moment an habe ich mich dazu entschieden, ihnen zu vergeben. Der Satz, den Jesus am Kreuz gesagt hat, ist mir in den Sinn gekommen: „Vater, vergib ihnen, denn sie wissen nicht, was sie tun." Das Gefühl ist dem gefolgt. Für mich ist das ein Geschenk von Gott. Nur er kann solch einen Frieden schenken. Auch wenn es unglaublich klingt, aber ich hatte niemals auch nur den kleinsten Gedanken an Rache und Hass. „Frieden lasse ich euch, meinen Frieden gebe ich euch …" (Johannes 14,27).

Unser Hochzeitsvers aus Jeremia 29,11 hat immer noch Gültigkeit: „Denn ich kenne ja die Gedanken, die ich über euch denke, spricht der Herr, Gedanken des Friedens und nicht zum Unheil, um euch Zukunft und Hoffnung zu gewähren." Unsere Zukunft sehen wir in Malatya. Als Familie haben wir unser Beziehungsnetz unter unseren türkischen Freunden aufgebaut. Die Kinder gehen hier zur Schule, haben ihren Freundeskreis, sind völlig integriert. Wir haben mit den meisten Einwohnern der Stadt nur positive Erfahrungen gemacht. Es ist wie überall auf der Welt: Es gibt positiv und negativ eingestellte Menschen. Und nur weil man ein negatives Erlebnis hatte (und sei es noch so schlimm), heißt das ja nicht, dass alle Menschen (in diesem Fall Türken) gleich denken.

Meine Hoffnung ist, dass wir hier weiterhin ein Licht und Zeugnis für Jesus sein können und eines Tages aus unserer winzigen Gruppe eine große Gemeinde wird, denn dafür sind Necati, Ugur und Tilmann gestorben, wie Jesus sagt: „Wenn das Weizenkorn nicht in die Erde fällt und stirbt, bleibt es allein; wenn es aber stirbt, bringt es viel Frucht" (Johannes 12,24).

Ich freue mich darauf, eines Tages diese Frucht zu sehen – und wenn es erst im Himmel ist!

Malatya, im Frühjahr 2008   *Susanne Geske*

Einleitung

Es ist ein Mittwochnachmittag, als Gerüchte um die Welt gehen. Via E-Mail und Telefon werden Andeutungen und Vermutungen über einen schrecklichen dreifachen Mord verbreitet, aber noch ist nichts davon bestätigt. Zweifellos ist etwas Furchtbares passiert, aber die ersten Berichte sind bestenfalls skizzenhaft, schlimmstenfalls übertrieben und verzerrt.

Erst allmählich treten harte Fakten an die Stelle des bloßen Hörensagens, und es wird klar, dass Susanne Geske am 18. April 2007 zur Witwe geworden ist, ihr Mann zum Märtyrer. Und das alles weit entfernt von der Heimat in Malatya im Südosten der Türkei.

Wir werden eingeladen, Einblick in das Leben dieser außergewöhnlichen, energischen Frau zu nehmen. So viele ausgeschmückte Geschichten machen als angebliche Tatsachen die Runde. Deshalb wollen wir die Wahrheit erfahren von der einen Person, die dafür bürgen kann.

Dies ist die bemerkenswerte Geschichte von Susanne Geske.

Um die Sicherheit von bestimmten Menschen nicht zu gefährden, sind in diesem Buch einige Personen- und Ortsnamen geändert.

9

„Ich wollte immer alles im Griff haben"

Der Wecker klingelt an jenem Morgen besonders erbarmungslos. Die ersten Sonnenstrahlen suchen sich ihren Weg durch den Spalt zwischen den Vorhängen. Mit schweren Augenlidern dreht sich Susanne im Bett, ihr Arm fällt auf das Kopfkissen ihres Mannes. Nichts. Allmählich erwachend, gleitet ihre Hand suchend tiefer in der Erwartung, auf Tilmann zu stoßen. Er ist nicht da; sie findet nichts. Immer noch benommen begreift sie, dass dies kein Traum ist. Tilmann ist fort, für immer fort.

Susanne Beuter hat keine leichte Kindheit gehabt. Schon als sie fünf Jahre alt ist, lassen sich ihre Eltern scheiden. Auch Susanne und ihre Geschwister werden auseinandergerissen. Die Eltern kommen nur schwer mit der Situation zurecht, und so lebt Susanne in einer Pflegefamilie, bis sie zwanzig ist. Mit siebzehn wird sie adoptiert, ohne Einwilligung ihrer Mutter. Sie will ihren Einfluss auf das Kind behalten. Eine unbefriedigende Situation. Wie so viele Kinder aus Scheidungsfamilien ist sich Susanne unsicher, wohin sie eigentlich gehört.

Im Leben sowohl ihrer leiblichen wie ihrer Adoptiveltern hat der christliche Glaube keine Rolle gespielt, und so ist Religion auch kein Thema, als Susanne nach ihrem Schulabschluss nach Beuren in die Eifel zieht, um eine Ausbildung im Töpferhandwerk zu beginnen. Sie liebt das Töpfern und will es zu ihrem Beruf machen.

Susanne ist kein Kind von Traurigkeit. Sie ist lebhaft genug, um sich zu behaupten, und kleidet und gibt sich gerne etwas flippig, um die Aufmerksamkeit zu bekommen, die jeder gerne hat.

Das funktioniert eigentlich ganz gut. Sie ist ein beliebtes Mädchen und hat einen ansehnlichen Freundeskreis.

Es ist an einem normalen Arbeitstag, Susanne hat bereits einige Stunden an der Töpferscheibe in der Werkstatt verbracht, da hört sie ein Klopfen an der Tür. Als sie öffnet, steht ein leger gekleideter Fremder vor ihr. Er sieht denkbar normal aus, und Susanne vermutet, dass er ihr etwas verkaufen will. Der Mann stellt sich als Pfarrer einer evangelischen Kirchengemeinde vor. Darauf ist Susanne nicht gefasst, und so hört sie sich erst einmal an, was er zu sagen hat. Sie hätte von einem Pfarrer nicht erwartet, dass er sich derart modisch und sportlich kleidet.

„Ich habe gehört, dass Sie evangelisch sind", sagt er, „und Sie sind erst kürzlich hierhergezogen, stimmt's?"

Je länger der Fremde vor Susanne stand, umso perplexer wird sie. *Erstens: Ich hab den Typ noch nie vorher gesehen. Woher weiß er, dass ich gerade erst hierhergezogen bin – hat er mich etwa beobachtet? Na ja, vielleicht hat er mich nur hier im Ort gesehen und konnte mich nicht zuordnen. Zweitens und noch wichtiger: Wie kann er wissen, dass ich evangelisch und nicht katholisch bin? Der Kerl macht mir Angst!*

Später erfährt sie, dass die Einwohnermeldeämter Neuzugezogene, die eine Kirchenzugehörigkeit angeben, den entsprechenden Gemeinden melden.

Susanne bezeichnet sich als evangelisch. Es stimmt, sie ist keine Katholikin, aber auch als Protestantin ist sie eher ein unbeschriebenes Blatt. Sie hat seit Jahren keine Kirche mehr betreten, und nichts an ihrem Leben hätte das Etikett religiös verdient.

Der Mann redet weiter. Zu seiner und Susannes Überraschung hört sie ihm unverwandt zu. „Wollen Sie nicht mal in den

Gottesdienst kommen? Wir würden uns freuen, Sie dort zu begrüßen."

Nicht besonders originell, aber aus irgendeinem Grund funktioniert es. Teils aus Höflichkeit, teils aus Neugier und echtem Interesse geht Susanne darauf ein. „Wann beginnt der Gottesdienst und wo findet er statt?"

Lächelnd nennt der Pfarrer Zeit und Adresse. Seine Antwort ist freilich nicht dazu angetan, Susannes Interesse wach zu halten. Die Gemeinde versammelt sich in 20 Kilometer Entfernung von ihrem Wohnort. Ist das für eine junge Erwachsene schon abschreckend genug, dann erst recht der Gottesdienstbeginn um 10 Uhr morgens. Keine Chance, dass sie so früh aufstehen und eine halbe Weltreise unternehmen wird, nur um frühmorgens einen Gottesdienst zu besuchen!

„Mal sehen", gibt Susanne zurück. Der Pfarrer hat das bestimmt schon öfters gehört und weiß, was es bedeutet. Er ist ja nicht dumm. Zweifellos hat er schon bei den Worten „10 Uhr" berechnet, wie gering die Chance ist, dass Susanne tatsächlich zum Gottesdienst kommen wird. „Ich kann mir vorstellen, dass ein 10-Uhr-Gottesdienst in dieser Entfernung nicht so attraktiv ist, aber einmal im Monat feiern wir Gottesdienst nicht weit von hier, in der katholischen Kirche ein paar Dörfer weiter. Nur einmal im Monat, und es ist wirklich nicht weit."

Er nennt die Adresse und lässt nicht locker. Seine Hartnäckigkeit zahlt sich aus.

Wie von den Argumenten eines Handelsvertreters lässt sich Susanne allmählich davon überzeugen, dass der Gottesdienst tatsächlich einen Besuch wert ist. Zögernd, aber inzwischen auch neugierig verspricht sie, im nächsten Monat zu erscheinen.

Und so erinnert sie sich an diesen ersten Gottesdienstbesuch seit Langem: „Es war eine große katholische Kirche, und außer mir waren noch fünf Leute da. Drei davon waren Konfirmanden. Was hatte ich dort verloren? Dann kam der Pfarrer und sagte uns, dass wir in der Bibel lesen sollten. Wenn wir das täten, dann würde Gott durch die Bibel persönlich zu uns sprechen. Ich dachte mir: Das klingt interessant. Wenn Gott wirklich zu mir sprechen will, dann werde ich das mal ausprobieren.

Also begann ich meine Bibel zu lesen, in diesem altertümlichen Deutsch. Ich war recht gut, ich habe es bis zum dritten Buch Mose geschafft. Aber unglücklicherweise fand ich das so langweilig, und nichts und niemand hat zu mir gesprochen. Ich dachte, dass ich wohl etwas grundverkehrt machte. Also habe ich das Bibellesen wieder aufgegeben."

Die Bibel mit ihrer alten Sprache und der Frakturschrift landet im Regal und sammelt Staub an.

Einige Monate später schließt Susanne ihre Ausbildung ab und beginnt sich nach einem Arbeitsplatz umzuschauen. In ihrer Heimat sind die Aussichten auf einen Job eher schlecht, also erweitert sie den Radius ihrer Suche. Jenseits der Grenze, in der Schweiz, bietet sich ihr die Chance für einen beruflichen Anfang – eine Stelle mit dem zusätzlichen Nutzen, dass sie ein ganzes Stück von zu Hause entfernt ist. Sie hat kein gutes Verhältnis zu ihren Adoptiveltern und ist froh, möglichst weit weg zu wohnen.

Schon bald packt Susanne ihre Siebensachen.

Die Schweiz ist ein schönes Land, aber die energiegeladene Mittzwanzigerin braucht mehr als nur einen schönen Ausblick. Sie sehnt sich nach Gesellschaft. Sie braucht Freunde. Sie will Spaß.

So spricht sie eine Kollegin in der Töpferei an, ein Mädchen in ihrem Alter: „He, Elisabeth, hast du 'ne Idee, wo ich Leute treffen kann? Leute in unserem Alter natürlich? Kennst du hier in der Gegend gute Clubs oder Kneipen?"

Die Kollegin schaut Susanne etwas überrascht an. „Ich bin in solchen Dingen nicht so gut. Ich gehe nicht oft weg. Aber ich kenne eine Jugendgruppe in der Kirche."

Das ist nicht die Antwort, auf die Susanne gehofft hat. Kirche hat sie nicht gerade als einen Ort erlebt, an dem man lebenslustige junge Leute trifft.

Dann kommt die befürchtete Frage: „Willst du mal Freitagabend mit in die Gruppe, in die ich gehe?"

Susanne will eigentlich nicht, aber sie hat ja selbst damit angefangen. Und so kann sie nicht Nein sagen. Sie will Leute kennenlernen, und wer weiß, vielleicht trifft sie ja tatsächlich ein paar interessante Typen. Vielleicht.

Und so macht sich Susanne ein paar Tage später schick für ihren Antrittsbesuch in der Jugendgruppe.

Es hat mir tatsächlich gefallen, stellt sie später am Abend fest, als sie wieder auf dem Heimweg ist. *Es hat mir wirklich und ehrlich gefallen!* Nie hätte sie gedacht, dass eine kirchliche Jugendgruppe so viel Spaß bieten könnte.

Der Sonntag steht vor der Tür und Elisabeth fragt, ob sie Lust hätte, mit ihr den Gottesdienst zu besuchen. An diesem Punkt macht Susannes Bedürfnis nach Gesellschaft einer tieferen Neugier Platz – der Neugier auf Jesus und der Frage, was diese Leute eigentlich so an ihm begeistert. Sie sagt Ja (trotz der Gottesdienstzeit, 10 Uhr!), und die beiden treffen sich einige Minuten vorher vor der Kirche, gehen hinein und setzen sich.

Als Susanne an jenem Morgen die Kirche verlässt, bekommt sie ein Buch mit dem Titel „Jesus unser Schicksal" in die Hand gedrückt. Das Buch des Essener Pfarrers Wilhelm Busch ist eigentlich eine Sammlung von Vorträgen, die Busch im Radio gehalten hat. Es erläutert, was für eine zentrale Bedeutung Jesus für den christlichen Glauben hat, indem es Erfahrungen aus dem Leben real existierender Menschen erzählt. Buschs Sprache ist eingängig, und er schafft es, mit einfachen, aber zwingenden Argumenten zu schildern, wie Jesus das Leben verändert. Damit versucht er Vorbehalte gegenüber dem Christentum auszuräumen und seine Leser zu überzeugen, dass der christliche Glaube schlüssig und vernünftig ist. Ihm zufolge braucht jeder Mensch den Glauben an Jesus Christus als Weg zu einem veränderten Leben.

„Die Geschichten gefielen mir, aber sie endeten irgendwie alle nach dem Muster: ‚Jesus ist für dich gestorben. Wenn du deine Sünden bekennst und an Jesus glaubst, wirst du gerettet.‘ Ich dachte mir: Wie langweilig. Warum haben sie alle denselben Schluss? Das wirkt alles andere als originell. Für mich ist das nichts.“

Damit klappt Susanne das Buch zu. Sie ist ein quirliges Mädchen. Sie will Echtheit. Sich an eine bestimmte Art von Religiosität anzupassen, das entspricht nicht ihrer Vorstellung vom Leben.

Aber so sehr sie es auch versucht, sie schafft es nicht, jenen Schlusssatz der einzelnen Geschichten aus ihrem Gedächtnis zu streichen. Noch Wochen später werden ihr immer wieder Verfehlungen in ihrem Leben bewusst, und dann kommt ihr das Prinzip wieder in den Sinn: „Wenn du deine Sünden bekennst und an Jesus glaubst …“

Sie versucht das Schuldbewusstsein loszuwerden, aber die Sünde scheint ihr anzuhaften, wie ein Insekt am Fliegenfänger klebt.

„Das war, glaube ich, das erste Mal in meinem Leben, dass mir klar wurde: Ich war hoffnungslos sündig, das heißt ich lebte ohne Gott, an ihm vorbei, und machte mein eigenes Ding. Ich fühlte mich ertappt, fühlte mich schuldig und dabei so allein. Mit wem hätte ich über meine Sünde sprechen können? Ich wollte niemandem erzählen, wie es wirklich in mir aussah – das war so beschämend. Und da habe ich dann auch eingesehen, dass ich in der Klemme saß. Für jemanden, der wie ich gern die Dinge im Griff hat, ist das eine gewaltige Einsicht. Ich hatte mich selbst von Gott abgeschnitten. Ich allein war schuld daran. Meine Sünde war wie eine Straßensperre – ein großes ‚Einfahrt verboten‘-Schild. Ich musste mich damit auseinandersetzen."

In ihrer Verzweiflung nimmt Susanne das Buch von Wilhelm Busch noch einmal zur Hand und liest das nächste Kapitel. Auch dieses endet wieder mit demselben monotonen Aufruf im Stil von „Wenn du deine Sünde bekennst und an Jesus glaubst …" Geschlagen und mit einem Seufzer der Enttäuschung legt Susanne das Buch aus der Hand. *Wenn es das ist, was ich brauche, dann muss ich es eben tun. Ich habe keine Wahl. Es klingt mir zwar allzu sehr nach einem Ritual, aber ich muss Gott sagen, was ich getan habe. Keine Ahnung, was passieren wird, aber ich muss es ihm sagen. Wenn man so leicht mit Gott reden kann, dann will ich es versuchen.*

Draußen scheint der Mond kalt und weiß, drinnen beginnt Susanne zu beten.

„Ich sprach ein ganz einfaches Gebet. Ich habe mir vorgestellt, dass Gott bei mir im Zimmer ist, und es ging ganz leicht. Ich habe es sogar genossen! Aber passiert ist nichts. Nichts hatte sich verändert. Mir ging immer noch derselbe Satz im Kopf herum, wieder und wieder, wie eine Spielzeugeisenbahn, die im Kreis fährt – so kam es mir jedenfalls vor."

Alles und ganz

Am nächsten Morgen geht Susanne wie üblich zur Arbeit. Ohne dass es ihr bewusst ist, tänzelt sie leichtfüßig und mit heiterer Miene in die Werkstatt.

„Was ist denn mit dir passiert?", fragt Elisabeth sofort.

„Nichts", gibt Susanne zur Antwort.

„Das kannst du mir nicht erzählen. Du bist so verändert. Was ist los?"

„Was soll an mir verändert sein?"

„Sag mir, was passiert ist. Du bist anders", wiederholt Elisabeth. „Was hast du gemacht?"

Nach kurzem Nachdenken dämmert es Susanne. Die wahrgenommene Veränderung könnte etwas mit den Ereignissen des vergangenen Abends zu tun haben. Sie erzählt Elisabeth, was geschehen ist und wie sie versucht hat, mit Gott zu reden.

Ihre Freundin springt vor Freude auf, umarmt Susanne und drückt sie so fest, dass sie sie fast vom Boden hebt. So begeistert ist sie über das, was ihre Freundin getan hat.

Susanne versucht zu beschreiben, wie sie sich fühlt. Sie schildert ihre Unsicherheit, ob irgendjemand oder irgendetwas ihre Hilferufe gehört hat. Für Elisabeth steht das außer Frage. Natürlich hat der allmächtige Gott ihr Gebet nicht nur gehört, sondern auf großartige Weise beantwortet. Er hat Susanne regelrecht verwandelt, auch wenn ihr selbst das noch nicht richtig bewusst ist.

„Woran hast du gemerkt, dass etwas anders ist?", fragt sie.

„Ich wusste es einfach", sagt Elisabeth. „Ich habe es sofort gemerkt. Es war nicht zu übersehen."

Im Rückblick erinnert sich Susanne: „So begann mein Leben mit Jesus. Es war in der Tat merkwürdig!

Ich saß an diesem Abend auf meinem Bett, im selben Zimmer, in dem ich noch kurze Zeit vorher Gott um Hilfe angefleht hatte. All mein irdischer Besitz war vor mir ausgebreitet. Es war nicht viel, aber es war alles, was ich hatte. Ich habe meinen Kopf gesenkt, und dann habe ich Jesus gesagt, dass er alles haben kann. Ich wollte, dass er über alles verfügt. Was ich damals hatte, gehörte ihm, und was ich in Zukunft haben würde – auch das sollte ihm gehören."

Susanne ist gerade erst zum Glauben gekommen, aber sie ist sich bereits darüber im Klaren, dass Gott auf ihr Leben Anspruch erhebt. Ihr ist bewusst, dass Gott keinen halbherzigen Glauben von ihr will. Der Prophet Elia hat einst den Priestern des Baal zugerufen: „Wie lange hinkt ihr auf beiden Seiten? Wenn der Herr der wahre Gott ist, dann folgt ihm nach!" (1. Könige 18,21) Susanne jedenfalls will nicht mehr hinken. Halbherzigkeiten sind nicht ihre Sache.

Ein mittleres Wunder

Es kann kaum überraschen, dass Susannes Bekehrung in der Familie auf Skepsis stößt. „So, jetzt bist du also fromm geworden", ist die einzige Reaktion.

Die Adoptiveltern sind überzeugt, dass sie an eine Sekte geraten ist, und hoffen, das werde sich rasch wieder legen. Vielleicht denken sie auch, das sei eine Art Aufbegehren und Suche nach Unabhängigkeit und damit nötig, damit Susanne sich abnabeln und alleine im Leben zurechtkommen kann.

Mit ihrer Haltung können die Eltern Susanne aber nicht verunsichern. In gewisser Hinsicht hat sie nichts anderes erwartet. Ihre Familie hat nie Interesse am christlichen Glauben gezeigt, warum also sollten ihre Eltern auf einmal die Nachricht mit Begeisterung aufnehmen, dass ihre Tochter sich bekehrt hat?

Susanne ist ein fröhliches Mädchen. Als frischgebackene Gläubige hat sie allerdings noch wenig Bibelkenntnis und weiß wenig von einem Leben unter Gottes Regie. An ihrem Lebensstil gibt es durchaus noch etwas zu feilen, aber was das ist, wird ihr erst im Laufe der Zeit auffallen.

Ich muss meine Bibel besser kennenlernen, beschließt sie eines Tages. Denn obwohl sie regelmäßig den Gottesdienst besucht, ist sie begierig nach mehr. Bald denkt sie: *Ich gehe zu einer Bibelschule.* Das erscheint ihr ganz natürlich. Sie will mehr über Gottes Wort erfahren, und der rechte Ort dafür ist eine theologische Schule. Um herauszufinden, ob das nur eine fixe Idee von ihr ist, lässt sie sich Zeit, um diesen Schritt gründlich zu erwägen. Aber je länger sie darüber nachdenkt, umso folgerichtiger erscheint er ihr.

Es gibt da freilich noch ein Problem. Susanne ist mit einem jungen Mann verlobt, der kein Christ ist. Sie steht nun vor einer schwierigen Entscheidung. Ist sie wirklich bereit, Gott alles auszuliefern, wie sie es ihm versprochen hat? Wird sie selbst ihre Verlobung lösen um Gottes willen, wegen seines Anspruchs auf ihr Leben?

Es gibt drei oder vier biblische Aussagen, die Susanne seit einigen Monaten viel bedeuten. Auf einem Jugendwochenende ist sie auf die folgenden Verse gestoßen:

„Und das Wort des Herrn geschah zu mir so: Ehe ich dich im Mutterschoß bildete, habe ich dich erkannt, und ehe du aus dem Mutterleib hervorkamst, habe ich dich geheiligt: zum Propheten für die Nationen habe ich dich eingesetzt. Aber ich sprach: Ach, Herr, Herr! Siehe, ich verstehe nicht zu reden, denn ich bin zu jung. Da sprach der Herr zu mir: Sage nicht: Ich bin zu jung. Denn zu allen, zu denen ich dich sende, sollst du gehen, und alles, was ich dir gebiete, sollst du reden. Fürchte dich nicht vor ihnen! Denn ich bin mit dir, um dich zu erretten, spricht der Herr … Und sie werden gegen dich kämpfen, dich aber nicht überwältigen, denn ich bin mit dir, spricht der Herr, um dich zu erretten" (Jeremia 1,4-8.19).

„Ich habe diese Verse für mich selbst in Anspruch genommen. Sie schienen so passend, so wirklich. Meine Mutter hatte mir einige Jahre vorher gesagt, dass sie mich hätte abtreiben lassen, wenn Abtreibung damals schon so leicht gewesen wäre wie heute. Und nun las ich hier, dass Gott selbst mich im Bauch meiner Mutter geschaffen und gestaltet hat. Und dass ich eine Berufung habe und mein Leben nicht sinnlos ist.

Als ich diese Verse gelesen und gemerkt habe, dass und wie sie sich auf mein Leben beziehen, da habe ich mich bewusst entschieden, meine Verlobung aufzulösen. Gott hatte andere Pläne für mich, schien mir. Und dann habe ich mich um einen Platz an einer Bibelschule gekümmert."

Susanne trifft die Entscheidung schweren Herzens. Er ist gerade aus Amerika von einer Fortbildung gekommen und hat ihr bergeweise Geschenke mitgebracht. An dem Abend macht sie mit ihm Schluss und sagt, er könne nun die Geschenke natürlich behalten. Er lässt sie ihr aber und versucht noch mindestens eineinhalb Jahre, Susanne zurückzugewinnen.

Susanne ist mit der Landschaft der deutschsprachigen Bibelschulen nicht vertraut, und so fragt sie ihre Freundin Elisabeth um Rat. Elisabeth ist der Ansicht, dass einige Schulen nicht in Frage kommen aufgrund von Susannes quirligem Temperament. Mit ihrem Enthusiasmus würde sie in manchen Bibelschulen möglicherweise Schwierigkeiten bekommen. Eine frischbekehrte, naive Christin, die bewusst oder unbewusst dazu neigt, Grenzen zu überschreiten, gilt wohl nicht als die ideale Bibelschülerin.

Susanne kennt solche Erwartungen und Gewohnheiten noch nicht. „Als ich nach meiner Bekehrung zum ersten Mal zum Gottesdienst ging, habe ich extra mein neues, knapp geschnittenes Minikleid angezogen. Ich mochte es wirklich. Ich war stolz darauf, weil ich es selbst geschneidert hatte. Später fand ich heraus, dass mich fast jemand darauf angesprochen hätte, weil es nun wirklich nicht die richtige Garderobe für den Kirchenbesuch war. Elisabeth hat das verhindert und gesagt: ‚Nein, sag ihr jetzt noch nichts.'

Das war das Beste, was sie tun konnte. Denn wenn mir in dieser Phase jemand so etwas gesagt hätte, dann wäre ich wohl nie wieder in eine Kirche gegangen. Für Leute, die gerade erst zum

Glauben gekommen sind, ist es wichtig, dass man sie erst mal annimmt, wie sie sind (jedenfalls im Hinblick auf solche Äußerlichkeiten). Sie werden schon selbst darauf kommen. Genauso ist es mir ergangen. Nach einer Weile habe ich es selbst herausgefunden. Es hat mir gedämmert, dass meine Röcke vielleicht doch etwas länger sein sollten und meine T-Shirts nicht so tief ausgeschnitten."

Susanne lässt sich zwar nicht ohne Weiteres einen üblichen christlichen Lebensstil aufnötigen, aber dafür zeigt sie eine umso entschlossenere Einstellung. Gott ist die Nummer Eins in ihrem Leben, er steht an erster Stelle, über allem anderen. Sie ist nicht bereit, faule Kompromisse zu machen. Sie packt die Dinge auf ihre eigene Art an, aber in Gottes Gegenwart verfliegt jeder ungute Eigensinn. In ihr Tagebuch schreibt sie:

„Danke, HERR, für das Wochenende und dass Du wirklich redest. Danke, dass ich jetzt, glaube ich, weiß, was Du möchtest. Ich möchte immer das tun, was Du willst.

‚Vertraue auf den Herrn mit deinem ganzen Herzen und stütze dich nicht auf deinen Verstand! Auf all deinen Wegen erkenne nur ihn, dann ebnet er selbst deine Pfade!' (Sprüche 3,5-6)"

„Ich wusste, dass meine Adoptiveltern nicht glücklich sein würden über meine Entscheidung, zur Bibelschule zu gehen", erzählt Susanne. Und so hat mich ihre Reaktion nicht überrascht, als ich ihnen von meinen Plänen erzählte. Sie dachten, ich hätte den Verstand verloren und würde mein Leben an eine fanatische, geldgierige Sekte verschenken. Sie rasteten aus und erklärten auf der Stelle, dass ich von ihnen keinerlei Unterstützung erwarten könne, weder finanziell noch sonstwie, solange ich auf der Bibelschule war. Ich würde auf mich selbst gestellt sein und für mein Auskommen sorgen müssen. Jeremia Kapitel 1 kam mir wieder in den Sinn: ‚Sie werden gegen dich kämpfen, dich aber nicht überwältigen, denn ich bin mit dir, spricht der Herr, um dich zu erretten.‘"

Als Susannes Eltern erkennen, dass ihre Tochter unbeirrt an ihren Bibelschulplänen festhält, verwandelt sich ihr Zorn in Furcht. Was ist das für eine Gruppe, die ihre Tochter so vollständig unter Kontrolle hat? Worauf sind diese Leute aus, was werden sie ihr antun?

In ihrer gewohnt lebhaften und leidenschaftlichen Art ruft Susanne gleich bei der Bibelschule an. Sie selbst hegt keinerlei Zweifel, dass sie so bald wie möglich an der Bibelschule anfangen wird. Vonseiten der Schule versucht man sie etwas zu bremsen und schlägt vor, sie solle erst einmal ihre Bewerbung vervollständigen und einschicken, bevor sie zuversichtlich verkündet, dass sie die Schule besuchen wird.

Susanne sieht den Sinn dieser Formalität nicht ein. „Ich brauche keine Bewerbung. Der Herr hat mir gesagt, dass ich hingehen soll, also komme ich", wiederholt sie.

Immer noch nicht überzeugt, aber von ihrem Enthusiasmus beeindruckt, gibt der für die Bewerber zuständige Sekretär nervös zurück: „Nun, vielleicht sollten Sie doch erst einmal herkommen und sich persönlich vorstellen."

Susanne lacht kurz auf und antwortet: „Okay, was wollen Sie wissen?"

Schon bald wird man sich in der Bibelschule an diese Art Konversation mit Susanne gewöhnen, und genauso bald wird man genau das an ihr mögen.

Nachdem auch ihr Pastor ihre Bewerbung unterstützt (obwohl er etwas im Zweifel ist, ob eine frischgebackene Christin so schnell die Ausbildung an einer Bibelschule aufnehmen sollte), trifft sie schließlich in der „New Life-Bibelschule" in Walzenhausen auf der Schweizer Seite des Bodensees zum dreimonatigen Einstiegskurs ein.

Intelligent und scharfsinnig, wie sie ist, saugt sie alles, was ihr vermittelt wird, wie ein Schwamm auf. Schneller als erwartet naht schon das Ende des Kurses – aber noch gerade rechtzeitig, bevor ihr das Geld ausgeht.

Just zu dieser Zeit setzen sich die leitenden Leute der Bibelschule mit ihr zum Kaffee zusammen und legen ihr nahe, die dreijährige Ausbildung zu absolvieren. Susanne ist eine gute Seminaristin. Ihre forsche und oft übermütige Art hat sie nicht abgelegt, trotzdem wird sie geschätzt. Die Leiter erkennen das Potenzial in dieser jungen Christin; sie glauben, dass sie einmal für die Sache Jesu viel tun können wird.

Susanne ist durchaus aufgeschlossen für den Vorschlag, aber zunächst gilt es einen schwerwiegenden Vorbehalt zu überwinden. Es ist das ewige Problem: die Finanzierung. Von zu Hause wird ihr kein Geld zufließen, also ist ein mittleres Wunder nötig, um ihren weiteren Aufenthalt an der Schule zu sichern.

„Mach dir keine Sorgen, der Herr wird sich darum kümmern", sagen die Leiter. Susanne hält sie für verrückt. Ungeachtet ihrer festen Überzeugung, dass sie am richtigen Ort ist, wird sie durch die finanziellen Schwierigkeiten doch stark verunsichert. Sie kann sich nicht recht vorstellen, wie das gehen soll. Sie ist in einer Familie groß geworden, in der Geld eine erhebliche Rolle spielte. Einfach drauflos leben und vertrauen, dass es schon kommen wird, erscheint ihr dumm und leichtsinnig.

Die Schule indessen will Susanne nicht ziehen lassen, nur weil es ihr an Gottvertrauen fehlt. Einer der Leiter liest ihr Matthäus

6,33 vor: „Trachtet aber zuerst nach dem Reich Gottes und nach seiner Gerechtigkeit, und dies alles wird euch hinzugefügt werden."

Und dann sagt er: „Wenn du das glaubst, wenn du Gott vertraust, dann wird er dich versorgen."

Sie erwidert: „Es fällt mir leicht, dem Herrn zu vertrauen, aber wenn das Geld dann nicht kommt …" Sie denkt ein wenig darüber nach, was sie gerade gesagt hat, und ihr wird der Widerspruch zwischen den Worten „vertrauen" und „aber" bewusst. Es ist verrückt, aber sie beschließt, für drei Jahre zu bleiben, und wenn das Geld zusammenkommt, wird das für sie die Bestätigung sein, dass sie sich richtig entschieden hat.

„Herr", betet sie, „wenn du weißt, wie das funktionieren kann, dann bleibe ich drei Jahre."

Es geschehen keine großen Wunder, kein Lotterielos wird unter ihrer Tür durchgeschoben, keine Megaspende kommt, die ihr für den Rest der Ausbildung alles Rechnen ersparen würde. Stattdessen findet immer wieder und stets zur rechten Zeit ein kleiner Betrag den Weg in Susannes Taschen, wie abgezählt und gerade genug für den Moment. So bestätigt Gott regelmäßig, dass sie am richtigen Platz ist – an seinem Platz.

Susanne schreibt: „Danke, HERR, für gestern und für die Bestätigung, die Du mir gegeben hast, und natürlich für das grüne Licht im Bezug auf die 3-jährige Bibelschule.

‚Seid um nichts besorgt, sondern lasst in allem durch Gebet und Flehen mit Danksagung eure Anliegen vor Gott kundwerden; und der Friede Gottes, der allen Verstand übersteigt, wird eure Herzen und eure Gedanken bewahren in Christus Jesus' (Philipper 4,6-7).

‚Ich will dich unterweisen und dich lehren den Weg, den du

gehen sollst; ich will dir raten, meine Augen über dir offen halten' (Psalm 32,8).

Danke, HERR, für Deine Zusagen!!!

Ich hab Dich lieb. ♥

Amen."

Irgendein islamisches Land

Elisabeth hat Susanne die New Life-Bibelschule auch deshalb empfohlen, weil es dort nicht ganz so konservativ zugeht wie an verschiedenen anderen Schulen. Und doch hat die Bibelschule vergleichsweise strenge Regeln. Aber schließlich war es ja auch kein Freizeitcamp.

Der Unterricht hat zwei Schwerpunkte. Zum einen gibt es natürlich Bibelkunde im üblichen Stil im Klassenverband. Zum andern müssen die Seminaristen Einheiten belegen, in denen es um die praktische Gestaltung von gelebtem Christsein geht. Diesen Teil des Unterrichts mag Susanne besonders.

„Unser Tag begann um 5.30 Uhr und endete abends gewöhnlich nicht vor 22.00 Uhr. Wir bekamen zweifellos eine Menge geschafft. Der Stundenplan gefiel mir gut, schon als ich ihn zum ersten Mal sah. Ich habe gern viel zu tun."

Der Schulalltag ist zweifellos ein gutes Training für die späteren Jahre auf dem Missionsfeld. Susanne gewöhnt sich rasch an die langen Arbeitstage. Das Curriculum sieht nur zwei freie Wochen im Jahr vor und schließt ein achtmonatiges Gemeindepraktikum und einen neunwöchigen Missionseinsatz im Zaire ein. Den Seminaristen bleibt kaum Zeit für Besuche zu Hause, was allerdings Susannes geringstes Problem ist. Ihre Eltern haben ihre Haltung ja klargemacht.

Der Aufenthalt im Zaire mit einer großen Missionsgesellschaft führt Susanne an einige besonders interessante Orte und Dörfer. „Ich hatte schon vorher einige Bücher über die tropischen Regenwälder gelesen, wo wir uns aufhielten. Und nun lernte ich diese Gegend selbst kennen! Zurück in Europa las ich viele der Bücher noch einmal. Dass ich mir die beschriebenen Orte lebhaft vorstellen konnte, hat mir geholfen, die Berichte der Missionare richtig zu würdigen."

Nach der Rückkehr in die Schweiz geht der normale Unterricht wieder los. In der Bibelschule gibt es wie in anderen Schulen auch Klassensprecherwahlen. 1988 kandidiert neben Susanne auch ein anderes Mädchen für dieses Amt. Beide bringen die nötigen Eigenschaften mit und genießen das Vertrauen ihrer Klasse. So ist es nicht ausgemacht, wer die Abstimmung gewinnen wird.

Tatsächlich ergibt die Auszählung einen Gleichstand. In diesem Fall ist es üblich, dass die Kandidaten im Gebet überlegen, ob die Aufgabe für sie infrage kommt oder nicht. Und so ziehen sich auch die beiden in ihr jeweiliges Zimmer zurück.

Susanne ist ja gerade erst seit eineinhalb Jahren Christin und nicht sicher, ob das jetzt ihre Aufgabe ist. Sie macht das einzig Richtige: Sie geht auf die Knie und redet mit ihrem Herrn.

„Lieber himmlischer Vater …" Sie hält inne, weil sie nicht weiterweiß. Was betet man in einer solchen Situation?

Susanne nimmt ihre Bibel zur Hand und öffnet sie aufs Geratewohl. Jesaja 60 liegt vor ihr. Als sie zu lesen beginnt, wird ihr klar, dass es ihr im Grunde gleich ist, ob sie Klassensprecherin wird oder nicht.

„Steh auf, werde Licht! Denn dein Licht ist gekommen, und die Herrlichkeit des Herrn ist über dir aufgegangen. Denn siehe, Finsternis bedeckt die Erde und Dunkel die Völkerschaften; aber über dir strahlt der Herr auf, und seine Herrlichkeit erscheint über dir. Und es ziehen Nationen zu deinem Licht hin und Könige zum Lichtglanz deines Aufgangs. Erhebe ringsum deine Augen und sieh! Sie alle versammeln sich, kommen zu dir: Deine Söhne kommen von fern her und deine Töchter werden auf den Armen herbeigetragen" (Jesaja 60,1-4).

„Zu der Zeit wusste ich nicht, was das bedeutet. Zum Beispiel war mir nicht klar, dass damit Jerusalem gemeint ist. Als naive junge Christin habe ich es auf mich persönlich bezogen. Ich dachte: ‚Das ist mir zu hoch. Zu gewaltig.' Ich habe nicht verstanden, was Gott mir damit sagen wollte. Ich wusste nur in dem Moment, dass ich nicht Klassensprecherin werden sollte. Ich wusste, dass Gott etwas anderes mit mir vorhatte. Das habe ich den anderen gesagt, und das andere Mädchen wurde Klassensprecherin."

Wohin würde sie wohl einmal von Gott geschickt? Susanne ahnt nicht, dass eine andere Seminaristin seit einigen Wochen täglich für sie betet. Gott hat ihr das ans Herz gelegt. Besonders betet sie darum, dass Gott Susanne für die Arbeit in einem islamischen Land vorbereiten möge. Welches Land, das spiele keine Rolle. Es ist ihr nur ein Anliegen, dass Susanne eines Tages dorthin gehen soll. Sie erzählt Susanne davon, und die findet es etwas absonderlich, dass hier jemand speziell für sie betet.

Nicht weniger befremdet ist sie, als die Schule eine Gebets- und Fastenwoche ansetzt. Verrückt, denkt sie, die sind alle verrückt! Trotzdem ist sie bereit, sich darauf einzulassen. Sie hat diese „verrückte" Truppe inzwischen lieb gewonnen.

„Am Ende der Woche hat mir eine andere Seminaristin ein Buch zugesteckt und mich gebeten, es zu lesen. Es hieß ‚Unmöglich für Gott?‘ und handelte von den fast vier Jahrzehnten Tätigkeit des Autors Charles Marsh und seiner Frau als Christen in Algerien. Sie haben dort ganz handfest den Schutz Gottes erlebt; noch nicht einmal vergiftetes Essen konnte ihnen schaden. Ich fand damals ja schon das Gespräch mit Gott aufregend, und erst recht war ich beeindruckt, dass Gott die Bitten seiner Kinder auf solche Art beantwortete. Ich war wie ein neugieriges Kind, das zum ersten Mal Süßigkeiten oder Eis isst. Ich wollte mehr darüber erfahren. Ich wollte überhaupt mehr. Ich sehnte mich nach Antworten, wollte in meinem Leben auch so wunderbare Gebetserhörungen erleben.“

Im Lauf der folgenden Wochen kommt noch öfters zur Sprache, dass Christen gesucht werden, die bereit sind, unter Muslimen zu arbeiten. Susanne bemerkt allmählich, dass sie Liebe für Menschen islamischen Glaubens empfindet und dass ihr Schicksal sie anrührt. Und als nach zwei weiteren Monaten die Bibelschule erneut eine Gebets- und Fastenwoche durchführt, werden Susannes Wünsche bestätigt. Als sie sich gegen Ende der Woche taufen lässt, weiß sie sicher, dass sie tatsächlich berufen ist, diesem verlorenen Teil der Menschheit zu dienen. Ihre Sehnsucht, unter Muslimen im Orient zu arbeiten, ist geweckt, und ihre Begeisterung wächst. Ein neuer Lebensabschnitt liegt vor ihr.

Vorbereitung in Lindau

Zwar ist sich Susanne mittlerweile ihrer Berufung gewiss, aber zunächst einmal gibt es noch viel zu tun. Susanne hat praktisch kein Geld; von ihrer Familie ist keine Hilfe zu erwarten, und allein schon die Vorstellung, als alleinstehende Frau in einem islamischen Land zu arbeiten, ist problematisch. Wenn sie tatsächlich im Ausland arbeiten will, gleichgültig wo, dann wird gründliche Vorbereitung, viel Gebet und viel Unterstützung nötig sein.

„Meine nächsten Schritte musste ich alleine gehen. Ich hatte eine große Deutschlandkarte vor mir. Ich war bereit, überallhin zu gehen. Es gab keinen Landstrich, dem ich besonders verbunden war. Je mehr ich mich umgesehen habe, umso ratloser wurde ich, denn ich habe einfach nichts Geeignetes gefunden. Und so habe ich angefangen zu überlegen, ob ich auch außerhalb Deutschlands suchen soll. Ich hatte einen Freund, mit dem ich mich wirklich gut verstand – den Pastor in Rorschach, bei dem ich mein Gemeindepraktikum absolviert hatte. Ich habe ihn angerufen und um Rat gebeten. Er hat mir augenblicklich eine Gemeinde genannt. Er sagte: ‚Geh doch nach Lindau. Da gibt es eine Gemeinde, die ist von deiner Bibelschule gegründet worden – die können so jemanden wie dich gebrauchen.'"

Susanne überlegt, ob sie nachfragen soll, was er damit meint. Denn so ganz behagt ihr sein Rat nicht. Schließlich siegt ihre Neugier, und sie fragt geradeheraus, was er mit „jemanden wie dich" meint. Er will ihr keine Antwort geben, fordert sie vielmehr auf, hinzufahren und es selbst herauszufinden.

„Aus meinem Zimmer in der Bibelschule habe ich immer die

Lichter dieser kleinen Insel auf der anderen Seite des Bodensees gesehen. Ich habe nachts oft hinübergeschaut und mir überlegt, wer wohl dort lebt und was sich auf der Insel tut. Und nun würde ich es herausfinden!

Im Lauf der Jahre hatte sich einiges an Habseligkeiten angesammelt, also machte ich mich ans Packen. Mit einigen Taschen ging es dann nach Lindau jenseits des Sees in die Gemeinde – mein neues Zuhause. Ich hatte unter der Woche den Sonntagsschulraum zur Verfügung, ein kleines Waschbecken, eine Toilette – das war's."

Susanne hat mit dieser bescheidenen Lösung kein Problem. So sehr sie auf sich achtet – eine luxuriöse Wohnung braucht sie nicht zum Glücklichsein. Manchmal wünscht sie sich zwar schon etwas mehr Platz, eine private Ecke, um ihre Sachen zu verstauen. Aber sie kommt zurecht.

Neben ihrem ehrenamtlichen Engagement in der Gemeinde einen bezahlten Job vom Arbeitsamt vermittelt zu bekommen, gestaltet sich schwierig (anfangs hält man sie dort für obdachlos!). Doch schließlich findet sie Arbeit bei einem Großhändler: Waren zusammenstellen, verpacken, verschicken. Eine einfache Tätigkeit, aber sie versieht sie gern. Den Weg zur Arbeit bewältigt sie mit ihrem rostigen Fahrrad mit den quietschenden Bremsen. Es gibt keine Aufstiegschancen, und sie weiß, dass dies keine Anstellung für immer ist, sondern eine Übergangslösung, bis sich etwas Neues ergibt. Und dieses Neue ist schon am Horizont, auch wenn sie davon noch keine Ahnung hat.

„New Life" in Lindau ist eine unabhängige evangelische Gemeinde mit etwa fünfzig Besuchern. Die Bibelschule hat die Gemeinde 1982, einige Jahre vor Susannes Eintreffen, gegründet.

Als Susanne sich in dem Gebäude einrichtet und sich mit den

Gegebenheiten vertraut macht, ist ihr immer noch nicht klar, warum „jemand wie sie" dort gebraucht wird. Um das heraus- zufinden, bietet sie den beiden Teilzeit-Pastoren ihre Hilfe an. Sie hat ja eben erst die Bibelschule abgeschlossen und brennt darauf, sich in die Arbeit einer „hauptamtlichen Christin" zu stürzen. Zu ihrer Überraschung schlagen die beiden ihr Angebot aus und sagen ihr, sie solle einfach mal eine Weile „still sitzen" und beobachten, was passiert.

„Ich fühlte mich ausgebremst. Es war schon komisch. Hier war ich, bereit, sie in jeder denkbaren Weise zu unterstützen, und was sagen sie mir? Ich solle mich entspannen und zuschauen, was passiert. Normalerweise können Gemeinden jede helfende Hand gebrauchen und sind froh und dankbar, wenn sich jemand mel- det."

Einige Wochen später, die ihr freilich wie Monate vorkom- men, wendet sich Susanne wieder an die Pastoren. Diesmal fragt sie, ob sie in der Gemeinde einen Büchertisch eröffnen kann. Sie hat bemerkt, dass es nichts dergleichen gibt, und hat den Ein- druck, ein solches Angebot wäre nötig und das sei der Grund, weshalb sie dort ist. Das hat der Pastor gemeint mit seinen Wor- ten: „Die können jemand wie dich gebrauchen." Susanne ist eine Mitarbeiterin, die sich den Anweisungen eines Leiters unterord- net, aber etwas Beliebiges würde sie nicht tun. Ihr erfinderischer und schöpferischer Charakter würde das nicht zulassen.

Der Büchertisch wird ein Erfolg. Die Gemeinde empfindet die angebotenen Bücher als hilfreich.

Susanne ist damit freilich noch nicht ausgefüllt. In der Um- gebung gibt es eine ganze Reihe von Plätzen, über die sie sich Gedanken macht. Die Situation der Menschen dort berührt sie. Sie will ihnen unbedingt die Liebe Jesu weitergeben. Sie tut sich mit dem Mitarbeiter einer Gemeinde im nahen Österreich zusammen und bietet einmal pro Woche einen Club für die Kinder von Asylbewerbern an. Von Krabbelkindern bis zu Teenagern sind bald alle Altersgruppen vertreten. Leicht vorzustellen, dass eine solche Kindergruppe gehörig Lärm macht. In der Nachbarschaft ist man deshalb auch nicht besonders glücklich.

Die Wände des Clubraums im Keller des Asylbewerberheims sind im Stil der 1970er-Jahre hellgrün gestrichen. Die Einrichtung besteht nur aus Tischen und Stühlen, aber das ist genug für den Anfang. Der Hausmeister der Anlage hat in die Nutzung des Raumes eingewilligt, skeptisch, ob die Arbeit je in die Gänge kommen wird. Aber mit jeder Woche wird das Angebot beliebter. Die wachsende Popularität des Clubs überzeugt den Hausmeister endgültig.

Susanne schreibt in dieser Zeit in ihr Tagebuch: „Fordere von mir, und ich will dir die Nationen zum Erbteil geben, zu deinem Besitz die Enden der Erde' (Psalm 2,8).

,Wie dein ganzes Leben, so ist auch die Dauer deines Lebens in Gottes Hand. Denke daran: Gott lässt dich nicht sterben, ehe nicht dein Werk getan ist. Aber lass nicht den Sand der Zeit in deine Augen kommen, sodass sie nicht mehr die sehen, die noch in der Finsternis sitzen. Sie müssen die Botschaft hören. Ehemann, Familie, Beruf, Erziehung, alles muss lernen, sich der Regel zu unterwerfen: Lass die Toten ihre Toten begraben; du aber gehe hin und verkündige das Reich Gottes' (Jim Elliot)."

Ein unmöglicher Typ

Susannes Einsatz bleibt auch in ihrer Gemeinde nicht unbemerkt. Die Pastoren sind froh über ihre Hilfe, und sie gewinnt allmählich Einfluss in der Gemeinde und der Umgebung. Einer ist besonders froh über ihre Ankunft. Sein Name ist Tilmann Geske. Er arbeitet als Teilzeit-Pastor, ansonsten als Gabelstaplerfahrer in einem Lagerhaus. Er verliebt sich in Susanne.

„Ein unmöglicher Typ", schreibt sie in ihr Tagebuch, kurz nachdem sie ihm zum ersten Mal begegnet ist. „Ständig murmelt er vor sich hin. Wenn er was sagt, verstehe ich ihn nicht. Und sein Haarschnitt ist grauenhaft. Sieht aus, als hätte ihm jemand einen Topf übergestülpt und einfach am Rand entlanggeschnitten."

Als ob es erst gestern gewesen wäre, kann sich Susanne an diese erste Begegnung mit dem seltsam gewandeten Tilmann erinnern. Er ist groß, trägt einen Schnurrbart und eine dickrandige Brille. In alten Jeans und Schlabberpulli steht er vor dem Gemeindehaus und spielt Gitarre.

Wie kann man nur so herumlaufen! Das ist ja peinlich, war Susannes erster Gedanke. Sie erinnert sich: „Man kann wirklich nicht sagen, dass ich ihn vom ersten Augenblick an gemocht hätte. Ich fand ihn unmöglich. Ich besuchte zwar regelmäßig die Gebetstreffen, also sah ich ihn recht oft. Aber ich konnte seine Gebete nie verstehen, weil er dabei so murmelte. Wenn es auf einmal still war im Raum, dann wussten wir: Aha, Tilmann ist fertig. Wie ich das gehasst habe!"

Zufällig werden die beiden demselben Hauskreis zugeteilt, einer kleine Gruppe, die sich bei einer Familie zu Hause zu

Gesprächen über Bibeltexte trifft. Susanne wird der Sache nicht so leicht entkommen. Wie sie sagt, muss sie „den Kerl noch eine Weile ertragen".

Schlimmer noch – die beiden sollen zusammen einen Raum im Gemeindehaus renovieren. Das ist Susannes größter Albtraum. „Ich konnte es kaum im selben Raum mit ihm aushalten. Er machte mich wirklich rasend! Ich bemühte mich nach Kräften, ihm aus dem Weg zu gehen, aber das funktionierte nicht. Ich hatte ja keine Ahnung, dass er sich zu mir hingezogen fühlte, aber um ehrlich zu sein: Ich legte auch keinen Wert darauf. Ich war mit einem Mann in der Schweiz befreundet, und romantische Gedanken für Tilmann wären das Letzte gewesen, was mir eingefallen wäre. Aber dann fing der andere Pastor an, mich mit ihm aufzuziehen. ‚Er ist so ein netter junger Mann‘, pflegte er zu sagen. Meine Antwort war üblicherweise: ‚Stimmt, aber nicht für mich.‘ Der Pastor ließ sich davon nicht abhalten und fing immer wieder damit an."

„HERR, ich danke Dir für all das, was ich heute erleben durfte, wie Du geführt hast", schreibt Susanne damals.

„HERR, lehre mich, still zu sein vor Dir und auf Dich zu harren.

HERR, Du siehst meine Gedanken und Gefühle, die mich aufwühlen, wo ich nicht weiß, wohin mit denen. Was soll ich mit dem Tilmann??

Ich fühle mich im Moment völlig verwirrt. HERR, was ich von Tilmann halten soll, weiß ich überhaupt nicht. Einerseits habe ich Angst, er könnte sich verlieben, andererseits bin ich gern in seiner Nähe. Schön verrückt!?

Aber Deine Gedanken sind höher als meine Gedanken und Deine Wege als meine Wege. Ich danke Dir, Du bist ein

Zufluchtsort, nimmst mir all die Sorgen, Ängste + Probleme ab
+ hilfst mir, sie zu lösen.
 I love You Lord!!!!!
 Amen."

„Darf ich dich mal was fragen?"

Tilmann Geske ist schüchtern, er bleibt gerne für sich. Er ist fleißig und einsatzbereit, ein Könner in allen praktischen Dingen.
Nur was die Liebe angeht, ist er nicht gerade ein Draufgänger.
Aber er weiß, dass er in dieses blauäugige Mädchen verliebt ist.
Nach einigen Wochen ist er sich sicher, dass er es ernst meint. Er
verfasst einen Brief an Susanne, in dem er ihr seine Gefühle erklärt. Sie ist gerade ein paar hundert Kilometer entfernt auf einer
Freizeit, und er hat sich überlegt, dass das der sicherste Ort ist,
um einen solchen Brief zu erhalten – hunderte Kilometer von
ihm entfernt.

Susanne kommt zurück und erwähnt den Brief mit keinem
Wort. Schließlich fasst sich Tilmann ein Herz und fragt sie danach. Eigenartigerweise hat der Brief sie nie erreicht.

„Wenn ich mir das so überlege", sagt Susanne heute, „dann
war es ganz gut, dass ich den Brief nicht bekommen habe. Hätte
ich ihn damals erhalten und gelesen, ich wäre vermutlich ausge-
flippt. Es wäre nichts Gutes dabei herausgekommen. Zweifellos
hat Gott da seine Hand im Spiel gehabt."

Sie ist inzwischen die Bedingungen leid, unter denen sie im
Gemeindehaus wohnt, also hat sie beschlossen umzuziehen. Sie

findet ein Zimmer im Haus einer älteren Dame. Es ist nicht ideal. Das Zimmer hat keine Heizung, und sie muss das Bad mit der Vermieterin teilen. Deshalb verbringt sie die meiste Zeit dann doch wieder im Gemeindehaus.

„Im Winter war es bitterkalt in meinem kleinen Zimmer. Also begann ich wieder im Gemeindehaus zu übernachten. Dort war es wärmer. Ich sagte mir: ‚Warum soll ich in aller Frühe zum Morgengebet radeln; ich kann auch gleich dort bleiben.'"

Tilmann ist nachmittags als Gabelstaplerfahrer gefragt, deshalb kommt er immer schon morgens ins Gemeindehaus, um hier seine Aufgaben zu erledigen. Da Susanne auch dort ist, ergibt es sich, dass sie oft gemeinsam frühstücken. So heftig sie sich anfangs gegen Tilmanns Avancen sträubt, allmählich beginnt sich ihre Haltung ihm gegenüber zu verändern.

Für einen schüchternen Mann macht sich Tilmann ganz gut.

„Er stellte mir immer persönliche und deshalb auch verstörende Fragen. Er fragte mich über meine Zukunft aus, meine Sehnsüchte und meine Pläne. Und dann begann er davon zu erzählen, was er alles vorhatte, dass er zum Beispiel Klavier spielen lernen wollte und solche Sachen. Er hat gar nicht gemerkt, dass mich das nicht interessierte. Und ich habe nicht begriffen, dass er mir das alles nur erzählt und mich so gefragt hat, weil er in mich verliebt war."

Susanne und Tilmann verbringen mehr und mehr Zeit zusammen. Oft leiht sie sich sein Auto aus, um zu ihrer neuen Stelle in einer Töpferei zu fahren. Er ist ihr nur zu gern behilflich.

Im November sind Tilmann und Susanne wieder einmal zusammen, diesmal bei Einkehrtagen ein paar Autostunden entfernt. Zwei Autos von New Life fahren dorthin. Dabei wird Susanne zum ersten Mal klar, dass sie doch etwas für diesen murmelnden Pastor empfindet, den sie so lange zurückgewiesen hat. Sie ist sehr enttäuscht, dass sie nicht in seinem Wagen zum Tagungshaus mitfahren kann. Es ist keine besonders lange Fahrt, aber sie spürt doch schmerzlich, dass sie mehr Zeit mit Tilmann verbringen will.

„Es ist mir plötzlich aufgegangen, dass ich diesen Kerl wirklich und tatsächlich mochte. Ich habe augenblicklich angefangen zu beten: ‚Bitte, Herr, bitte – nicht Tilmann. Ich möchte mich nicht in ihn verlieben. Was hast du mit mir vor, Gott?'"

Das ist vielleicht nicht das theologisch vernünftigste Gebet ihres Lebens, aber sie ist ja auch verzweifelt. Um nichts in der Welt will sie sich in einen so seltsamen Menschen verlieben. Aber Gott hat offensichtlich seine eigenen Pläne mit ihren Gefühlen, und er setzt sich schließlich durch.

Nachdem die Einkehrtage vorbei sind, plant Susanne, sich mit Freunden in der Bibelschule zu einer erneuten Gebets- und Fastenwoche für Weltmission und persönliche Dinge zu treffen. Es dämmert ihr, dass sie einmal mehr Tilmanns Auto borgen muss. Also sagt sie etwas verlegen, weil sie schon so oft um sein Auto gebeten hat: „Kann ich dich mal was fragen?"

Zu ihrer Überraschung antwortet er: „Ich möchte dich auch etwas fragen."

Unsicher, was sie zu erwarten hat, sagt sie hastig: „Kannst du mir wieder mal deinen Wagen leihen?"

Tilmann hat nichts dagegen. In dem Moment hätte sie ihn alles fragen können, und er wäre einverstanden gewesen.

„Okay, und was war deine Frage?", gibt Susanne rasch zurück und vergisst dabei fast, ihm für das großzügige Angebot zu danken. Sie erinnert sich: „Er setzte ein paar Mal an mit Hm und Äh, und ich wurde langsam ungeduldig. Er hat offensichtlich nicht gemerkt, dass ich noch was vorhatte und zur Uhr schaute."

„Tilmann, ich muss los, muss noch neu packen, bevor ich fahre."

Er versucht, auf den Punkt zu kommen. „Willst du mich heiraten?", platzt er heraus und sieht ihr dabei direkt in die Augen.

Überrascht, wie sie ist, antwortet Susanne in der ihr eigenen Art: „Okay. Ein potenzieller Ehemann muss bei mir drei Bedingungen erfüllen. Erstens: Er muss Christ sein. Zweitens: Er muss schon einiges länger Christ sein als ich. Und drittens: Ich möchte in einem islamischen Land leben."

Sie ist sich sicher, dass der letzte Punkt eine unüberwindliche Hürde ist – zu hoch selbst für einen verliebten Mann. Sie wartet seine Antwort ab.

„Oh, das geht in Ordnung", sagt er ohne zu zögern.

Das verschlägt Susanne dann doch die Sprache.

Auf einmal hat sie es nicht mehr so eilig, zum Packen nach Hause zu kommen.

Tilmann erzählt Susanne, dass er in Indonesien gewesen ist und schon immer in ein islamisches Land gehen wollte, aber zuerst wollte er einige Zeit in einer Gemeinde arbeiten.

Sie spürt, dass er das nicht nur ihr zuliebe sagt; es ist ihm wirklich ein Anliegen, Muslimen in ihrer heimischen Umgebung das Evangelium zu bringen.

Sie gehen ohne Umarmung oder dergleichen auseinander, aber Susanne verspricht, über seinen Antrag in der kommenden Gebets- und Fastenwoche gründlich nachzudenken. In sieben Tagen wird sie zurück sein und ihm eine Antwort geben.

„Später habe ich herausgefunden, dass Tilmann schon seit vier Wochen nach einer Gelegenheit gesucht hatte, diese entscheidende Frage zu stellen, aber der rechte Moment hatte sich nicht ergeben. Wenn ich so überlege, war es vielleicht ganz gut so, denn ich hätte den Antrag vorher auf jeden Fall abgelehnt. Ich war nicht bereit, mich der Frage zu stellen, bis zu dem Augenblick, als er mich tatsächlich fragte. Wie vereinbart ging ich fort und betete darüber, aber schon nach einem Tag war ich sicher, dass das wirklich Gottes Wille war. Es war so klar; es war bestimmt nicht meine Entscheidung, denn ich von mir aus hätte Tilmann nie geheiratet. Aber Gott hat uns zusammengebracht, und ich wollte seinen Willen tun. Natürlich hatte ich immer darum gebetet, dass er mir den richtigen Mann zeigte, aber eigentlich war ich mir sicher gewesen, dass es keinen, wirklich keinen für mich gab. Jetzt hatte ich nichts gegen Tilmanns Antrag vorzubringen; ich hatte keinen Grund, ihn abzulehnen, und ich spürte, dass Gott mich zu ihm geführt hatte."

Nachdem sie von der Fastenwoche zurück ist, spricht Susanne tagelang nicht mit Tilmann, obwohl ihre Entscheidung bereits feststeht. Sie tut, was sie sich vorgenommen hat: Sie bleibt im Gebet und erbittet klare Anweisungen von Gott. Sie kommt innerlich völlig zur Ruhe, was Tilmanns Antrag betrifft, und sie weiß, dass das nur von Gott sein kann. Und so fühlt sie sich bereit, Tilmanns Antrag anzunehmen.

Susanne schreibt ins Tagebuch: „Ich glaube, Gott hat uns, lange bevor wir uns kennengelernt haben, aufeinander vorbereitet. Wir hätten uns auch schon eher kennenlernen können, aber Gott hat diesen Zeitpunkt bestimmt. Ich bin mir sicher und habe den vollen Frieden!!!

Danke, dass ich Tilmanns innere Werte kennenlernen kann und mich immer mehr zu ihm hingezogen fühle.

Es ist ein großes Geschenk von Dir, dass Du mir jemanden

geschenkt hast, der sich wirklich für mich und meine eigentliche Person interessiert, die hinter dicken Mauern versteckt liegt. Aber ich glaube, nun hat diese Mauer einen ansehnlichen Riss bekommen.

Du kennst meine Sorge, eine echte, tiefe Beziehung einzugehen. Hilf mir, aufrichtig zu sein und Dir zu vertrauen. Hilf mir bitte, dass ich mich für Tilmann öffnen und ehrlich über meine Gefühle reden kann.

Ich habe Angst, wieder verletzt zu werden.

Du weißt, dass ich mir eine Ehe wünsche, wie Du sie Dir vorstellst.

Mache mich zu einer ‚(Ehe-)Frau nach dem Herzen Gottes‘.

Und, HERR, danke für die unendliche Freude, die Du mir gibst. Es ist herrlich, verliebt zu sein. Gut, dass Tilmann nicht so leidenschaftlich und wagemutig ist wie ich. Er scheint so etwas wie eine Bremse für mich zu sein, und das ist gut so."

Einen Monat später, am zweiten Weihnachtsfeiertag 1991, verloben sich die beiden.

Die Verlobungszeit erlebten sie ähnlich wie bisher – sie treffen sich im Gemeindehaus und sprechen dort miteinander, wenn sie Zeit haben.

Und was ist mit Tilmanns fürchterlicher Aufmachung und seinen Haaren? Beginnt Susanne mit entsprechenden Erziehungsmaßnahmen?

„Um ehrlich zu sein – ich habe nichts wegen der Haare gesagt. Vor unserer Hochzeit ließ er sich einen anderen Haarschnitt verpassen. Vielleicht hat sein Freund und Mitpastor Tomas ihm gesagt, dass er etwas mehr auf sich achten soll."

Was seinen Sinn für Kleidung angeht, ist Susanne nicht ganz so zurückhaltend. „Ich erinnere mich, dass ich ihn nach unserer

Hochzeit auf seine fürchterlichen Klamotten angesprochen habe. Ständig lief er in diesen braunen Pullis und Hemden herum. Ich hasse Braun. Man kann ja noch nicht mal von einer Farbe sprechen; man trägt Schwarz, Weiß und alle anderen Farben, aber doch nicht Braun!

Und dann habe ich seinen Kleiderschrank gesichtet. Was er seit mindestens einem Jahr nicht mehr getragen hatte, das habe ich ausgemustert. Es nahm nur Platz weg. Und so flog langsam, aber sicher alles raus, was braun war.

Er hasste es, für sich selbst einzukaufen. Wenn er was zum Anziehen brauchte, dann musste schon jemand mitgehen. Wenn wir eine passende Jacke oder ein Hemd oder sonst was gefunden hatten, dann musste man ihn erst noch überreden, es zu kaufen."

Mit Geld geht Tilmann ausgesprochen sparsam um. Er will nichts für Dinge ausgeben, die er nicht unbedingt braucht. Und selbst wenn er mal etwas nötig hat, entdeckt er stets andere, die es noch dringender brauchen, und das hat dann für ihn Priorität.

Susannes Adoptiveltern lassen immer noch keinerlei Unterstützung für ihr Leben erkennen – und erst recht nicht für ihren Glauben. Am Tag nach ihrer Verlobung fahren Susanne und Tilmann zu ihnen; Susanne hat vorher ihren Vater angerufen und ihn darauf vorbereitet, dass sie ihm einen „Freund" vorstellen will.

Als sie eintreffen, ist der Vater ziemlich betrunken. Er stößt die übelsten Beschimpfungen aus, die ein Mensch einem anderen überhaupt sagen kann, und verletzt Susanne damit sehr. Aber sie ist entschlossen, dagegenzuhalten. Sie sagt: „Du kannst wirklich sagen, was du willst – wir sind verlobt. Du kannst uns nicht auseinanderbringen." Der Vater kontert mit noch schlimmeren Vokabeln – aber sie hat ihm ihre Meinung bereits gesagt.

Sie bleiben nur eine Nacht, dann ergreifen sie die Flucht.

Susanne schreibt: „"Selig seid ihr, wenn ihr geschmäht werdet um des Namens Christi willen, denn der Geist, der ein Geist der Herrlichkeit und Gottes ist, ruht auf euch. Leidet er aber als ein Christ, so schäme er sich nicht, sondern ehre Gott mit diesem Namen' (1. Petrus 4,14+16; freie Übersetzung).

Zum ersten Mal mache ich mir echte, tiefere Gedanken über den morgigen Tag. In meinem Verstand ist alles klar. Aber ich kann die Tragweite dieser Entscheidung und alles, was in der nächsten Zeit auf mich zukommen wird, gar nicht erfassen. Es ist wahrscheinlich auch besser so. Aber ich freue mich riesig!!!!"

Die Türkei ruft

Tilmann Geske und Susanne Beuter werden am 20. Juni 1992 Herr und Frau Geske, immer noch ohne den Segen von Susannes Adoptiveltern (obwohl sie wie die leiblichen Eltern und die neue Frau des Vaters an der Hochzeit teilnehmen). Tilmanns Angehörige sind nicht alle Christen, aber sie unterstützen trotzdem die Verbindung der beiden.

Tilmann muss zunächst seinen Fünfjahresvertrag als Pastor bei „New Life Lindau" erfüllen (die Gemeinde hat sich in der Zwischenzeit dem Bund Freier evangelischer Gemeinden angeschlossen), bevor sie ihren Traum verwirklichen und in ein islamisches Land übersiedeln können. So bleiben den beiden drei Jahre, in denen sie überlegen und im Gebet erfragen können, an welchem Platz Gott sie haben will.

Seit sie verheiratet sind, setzen sie sich jeden Morgen zum Gebet zusammen, bevor einer zur Arbeit aufbricht oder andere Pflichten des Alltags rufen. Sie sprechen gemeinsam durch, was in den folgenden Stunden an Aufgaben ansteht und welchen Leuten sie begegnen werden, und dann senken sie die Köpfe und sprechen mit Gott. Diese gemeinsamen Zeiten mit Gott werden ihnen überaus wichtig.

Sie stimmen längst nicht in allem überein. Tilmanns Gedanken wandern oft nach Indonesien zurück. Susannes Herz dagegen schlägt für die Türkei. Weil sie sich nicht einigen können und keiner die Vision des andern für die Zukunft teilt, stellen sie die Entscheidung noch eine Weile zurück. Sie hoffen, dass sie irgendwie eine gemeinsame Ebene finden werden, etwas, worauf sie gemeinsam aufbauen können.

Schließlich ereignet sich zweierlei, was sich als wegweisend für ihre Zukunft erweisen wird. Eins führt zum andern. Die beiden beginnen im Gebet über einen scheinbar logischen Kompromiss nachzudenken – über einen Einsatz im Iran. Der Iran liegt geografisch zwischen der Türkei und Indonesien und er käme dem Wunsch beider entgegen, unter Muslimen zu arbeiten.

Nach einigen Wochen des Gebets erfahren sie, dass ein gemeinsamer Freund von der Bibelschule eine Reise in den Iran organisiert. Sie bekunden ihr Interesse, und schon bald lädt er sie ein, sich ihm anzuschließen.

Seit einigen Monaten erhalten die Geskes den Rundbrief eines Freundes aus der Schweiz, der eine ganz ähnliche Berufung wie sie verspürt. Sowohl Tilmann als auch Susanne nehmen sich unabhängig voneinander Zeit, die Nachrichten des Freundes zu studieren und für ihn zu beten.

„Wir beteten auch viel für unsere anstehende Reise in den Iran. Keiner von uns wollte etwas tun, was nicht Gottes Wille war. Deshalb baten wir weiter um klare Weisung. Und Gott signalisierte uns, dass die Iranreise womöglich nicht das Richtige sei. Es fehlten noch vier Teilnehmer, damit die Reise zustande kam. Wenn wir nicht genug Leute wären, würden wir nicht fahren. Wir taten alles Nötige und überließen den Rest Gott. Wie es im Vaterunser heißt: Sein Wille sollte geschehen.

Etwa zur selben Zeit bekamen wir die aktuellen Gebetsanliegen unseres Schweizer Freundes zugeschickt. Dem Brief lag ein Faltblatt bei, auf dem zu einer Gebetsreise durch den Osten der Türkei später im Jahr eingeladen wurde. Mein Blick fiel sofort darauf, und es interessierte mich wirklich, aber ich sagte nichts zu Tilmann, denn ich wollte nicht, dass er sich unter Druck gesetzt fühlte. Eines Sonntagmorgens fragte er dann auf einmal: ‚Hast du diesen Gebetsbrief gelesen?‘, und drückte ihn mir in die Hand. Ich sagte, ja, das hätte ich.

‚Es lag etwas Interessantes bei‘, meinte er.

Ich war überrascht und fragte zurück: ‚Was meinst du?‘

‚Nun, sie bieten eine Gebetsreise in den Osten der Türkei an …‘

Wir sprachen darüber, und es wurde klar, dass er dasselbe dachte wie ich: Diese Reise interessierte uns noch mehr als die Expedition in den Iran. Obwohl wir ja darüber gebetet hatten, war ich trotzdem erstaunt, denn das war es, was ich wollte, und Tilmann war für sich zum selben Schluss gekommen.“

Am nächsten Tag ruft der Leiter des Iran-Projektes an. Sie haben sich schon Gedanken gemacht, wie er wohl ihre Absage aufnehmen wird. Ihre Sorge ist unbegründet; er ruft an, um ihnen mitzuteilen, dass die Reise nicht stattfinden wird; es haben sich zu wenige Mitreisende gefunden.

Diesen Anruf nehmen sie als Bestätigung, dass die Reise in die Türkei Gottes Willen entspricht. Es hat sich einmal mehr ausgezahlt, auf Gott zu vertrauen und die eigenen Pläne dem unterzuordnen. Und nun bereiten sie sich auf ihr Abenteuer vor.

Erste Überlegungen

„Unsere Hochzeitsreise hatte uns nach Griechenland geführt. Mit dem Auto hatten wir damals die Inselwelt erkundet und waren schließlich in Istanbul gelandet. Wir hatten eine ganze Woche dort verbracht, die Stadt erkundet und uns auf die Kultur eingelassen. Was wir sahen und hörten, das Essen und die ganze Atmosphäre, das hatte tiefe Gefühle in uns ausgelöst.

Wir hatten eine Bootsfahrt zusammen mit einer ganz liebenswerten Familie gemacht. Die Mutter hatte einen Tschador getragen – aber wie die Eltern mit ihren Kindern umgegangen waren und wie sie miteinander gesprochen hatten, das war wirklich liebevoll gewesen. Tilmann hatte zu mir gesagt: ‚Weißt du, für solche Menschen möchte ich da sein.‘ Das war der erste echte Schritt in Richtung eines denkbaren Einsatzes in der Türkei gewesen.

Unsere Gebetsreise jetzt war dagegen ein kleines Desaster. Wir wurden beide unterwegs richtig krank, und das verpasste natürlich dem ganzen Unternehmen einen Dämpfer. Trotzdem mochte ich das Land. In der Zeit dort erlebten wir eine Menge Anfechtungen, und das erwies sich als gute Vorbereitung für die Zukunft. Ich war im zweiten oder dritten Monat schwanger, und im Grunde war ich von Beginn der Schwangerschaft an krank. Einen Tag ging es besser, den nächsten schlechter, und auch Tilmann erwischte es. Wir waren richtig krank, mussten im Bett bleiben, konnten nirgendwo hin. Die Reise führte durch einige der großen Städte wie Istanbul, Mersin und Urfa. Andere wie Bilitis mussten wir umgehen, weil es zu gefährlich war. Wir fuhren bis an die iranische Grenze und dann wieder zurück nach Istanbul.

Während der ganzen Reise war stets mindestens einer von uns krank. Die Gesellschaft, mit der wir reisten, dachte, wir würden nie wieder in die Türkei gehen, weil unsere Erfahrung so deprimierend war. Mir ging es zwischendurch so schlecht, dass ich nur Babynahrung essen konnte – das war das Einzige, was ich bei mir behielt. Diese Nahrung war meine letzte Rettung – wenn ich nichts hätte essen können, wäre ich im Krankenhaus gelandet. Tilmann musste mich immer stützen, denn ich war zu schwach, um alleine zu gehen.

Trotz alledem hatte ich keine Angst, auch nicht in Gegenden, in denen es gefährlich war. Ich war mir bewusst, dass uns der Teufel den Aufenthalt dort verleiden wollte – er setzte alles daran, dass wir nicht noch einmal dorthin gehen würden. Aber das bestärkte mich nur in meinem Entschluss. Ich dachte: ‚Na gut, du kannst uns antun, was du willst, aber wir werden wiederkommen.‘ Ich war wie ein trotziges Kind.

Später in Deutschland versuchten wir mit Gerhard[1], dem Freund, von dem wir immer die Gebetsbriefe lasen, Kontakt aufzunehmen. Er gehörte zu einer Organisation, mit der wir später arbeiten würden, aber das wussten wir damals natürlich noch nicht. Es war im Spätherbst und Michal, unsere Älteste, war noch nicht geboren. Einmal mehr hatten wir den Eindruck, dass uns der Teufel ins Handwerk pfuschte, damit wir nirgendwo hingingen. Er versuchte uns daran zu hindern, Gottes Willen zu erfragen. Wir hatten uns einen Gebrauchtwagen gekauft. Sicher keinen Traumwagen, aber er war robust und zuverlässig, und genau das brauchten wir. Wir fuhren an den Bodensee, um Gerhard zu treffen. Unterwegs wollten wir gerade anhalten, um Pause zu machen und etwas zu essen. Da bockte auf einmal der Wagen. Es ging weder vor noch zurück, die Gänge ließen sich nicht mehr einlegen. Keine Chance. So mussten wir beide – ich schwanger, Tilmann erschöpft von der Fahrt – den Wagen zu einer sicheren Stelle schieben, wo wir ihn parken konnten.

Wir wollten unbedingt unsere Verabredung um vier Uhr nachmittags einhalten, deshalb beschlossen wir, den Zug zu nehmen. Die Zugverbindungen in der Schweiz sind oft nicht direkt, und so würden wir ein wenig zu spät kommen, aber wir dachten, der Versuch wäre es wert. Wir riefen Gerhard an, und er organisierte freundlicherweise alles, um uns vom Bahnhof abzuholen.

Ich war dann wirklich froh, dass wir es versucht hatten. Wir hatten ein gutes Gespräch, und je mehr wir von unseren Überlegungen besprachen, umso klarer zeichnete sich die zukünftige Zusammenarbeit ab. Er riet uns, wir sollten die Schulungseinrichtung der Organisation in Deutschland besuchen und beginnen, uns für die Arbeit in der Türkei vorzubereiten. Wir waren dankbar für alle seine Vorschläge.

Als wir uns nach der Zugfahrt wieder auf den Weg nach

Deutschland machten, beteten wir wegen der Sache mit dem Auto. Wir wussten nicht, was wir hätten tun sollen, wenn es immer noch gestreikt hätte. Aber unser Gott tut Wunder. Wir stiegen ein, und es funktionierte auf Anhieb! Das hat mich an eine Szene in Frank Perettis Buch ‚Die Finsternis dieser Welt‘ erinnert. Da bringt der Engel des Herrn mit seinem Schwert ein Auto zum Stehen. Und dann zieht er das Schwert wieder heraus, und es fährt wieder. Genauso fühlten wir uns damals.“

Das Training beginnt

Froh darüber, dass ihre Vision Gestalt annimmt, bewerben sich Tilmann und Susanne bei der Organisation und begeben sich an die nötigen Vorbereitungen. Das Bewerbungsverfahren erfordert nicht viel Zeit, umso länger ziehen sich die folgenden Monate der Einweisung hin.

Zum Lernen fahren sie nach Bournemouth an der englischen Südküste und schreiben sich dort am Christian English Language Centre ein. Susanne ist erneut schwanger mit ihrem zweiten Kind, Lukas. Es stellt sich heraus, dass sie sich für einige Zeit werden trennen müssen, denn Tilmann qualifiziert sich zum Englischlehrer und muss den entsprechenden Kurs erst noch abschließen. So nehmen sie nach dem Europameisterschafts-Endspiel 1996 (Deutschland besiegt Gastgeber England) erst einmal für zwölf Wochen Abschied voneinander. Susanne fährt mit Michal, ihrer kleinen Tochter, nach Hause.

Dort angekommen, beginnt Susanne damit, die Habseligkeiten der Familie für den Umzug ins Ausland zu packen. Das kostet gehörig Zeit. Dann kommt Tilmann aus England zurück, und die beiden belegen den letzten Abschnitt ihres Vorbereitungskurses, der noch einmal sechs Monate in Anspruch nimmt.

Eine lange Zeit – so kommt es ihnen jedenfalls vor. Noch einmal sechs Monate lernen, dabei wollen sie doch endlich mit der Arbeit loslegen. Aber auch diese Monate gehen rasch vorüber, so dicht gepackt ist das Unterrichtsprogramm. Sie lernen eine Menge Dinge, die im Einsatzgebiet von Nutzen sein werden. Susanne und Tilmann belegen alle Einheiten zusammen und haben so viel Gelegenheit, sich auszutauschen.

In den Kursen werden die unterschiedlichsten Themen behandelt, von der Betreuung der Kinder im Ausland bis hin zu kulturübergreifender geistlicher Arbeit. Die Organisation legt Wert darauf, ihre Angestellten auf alles nur Denkbare vorzubereiten.

„Wir mussten einen Stapel Bücher durchackern, bevor wir mit der Vorbereitung weitermachen konnten. Natürlich mussten wir uns mit der Geschichte unserer Organisation, ihrer Arbeitsweise und ihren Zielen vertraut machen. Man sagte uns auch, dass wir Bücher über Gemeindegründung studieren sollten in Vorbereitung auf unseren Dienst in der Türkei. Das gefiel mir gar nicht. Es war mühsam. Ich versuchte zwei Dinge auf einmal zu machen, damit es erträglicher wurde – gewöhnlich stillte ich Lukas nebenbei."

Gegen Ende des Vorbereitungskurses gilt es, auch Susannes leiblichem Vater und ihren Adoptiveltern von den Plänen zu erzählen.

Susanne erinnert sich: „Ehrlich gesagt war es mir egal, was sie dachten. Ich sagte ihnen nur, dass wir in die Türkei ziehen. Nicht viel mehr. Mit welcher Organisation wir verbunden waren, das behielt ich für mich. Wir erzählten, dass wir in einem anderen Land leben wollten und dass Tilmann dort als Englischlehrer arbeiten würde. Tiefer in die Einzelheiten gehen wollten wir nicht, denn das hätte die Dinge nur kompliziert. Ich hatte eh kein gutes Verhältnis zu meinen Eltern, und so war es nicht schwer, die kitzligen Themen auszusparen."

Eine letzte Hürde gilt es noch zu überwinden, bevor die beiden ausgesandt werden – sie müssen sich einer Befragung durch die Organisation stellen. Und zwar werden sie zusammen als Ehepaar befragt, ihre Situation wird diskutiert.

„Zu unserer Freude wurden wir als Mitarbeiter akzeptiert, und am 25. Januar 1997 wurden Tilmann und ich mit den Kindern für die Arbeit in der Türkei eingesegnet. In dem Aussendungsgottesdienst bekam ich einen Bibelvers zugesprochen, der mich bis heute begleitet. Es war Johannes 15,16: ‚*Ihr* habt nicht mich erwählt, sondern *ich* habe euch erwählt und euch gesetzt, dass ihr hingeht und Frucht bringt und eure Frucht bleibe.‘ Michal und Lukas bekamen einen Vers aus den Sprüchen Salomos Kapitel 14, und dieser Vers ist gerade in den letzten Monaten sehr kostbar für uns geworden:

‚In der Furcht des Herrn liegt ein starkes Vertrauen, auch seine Kinder haben eine Zuflucht.‘"

Mit schwerem Gepäck unterwegs

Es ist ein warmer Samstagmorgen im September. Tilmann, Susanne, Michal und der elf Monate alte Lukas sind bereit zum Aufbruch. Sie werden Deutschland hinter sich lassen und in die Türkei übersiedeln. Sie wollen sich so weit östlich wie möglich niederlassen, denn dort gibt es besonders wenige Christen. Adana ist die östlichste Stadt, in die ihre Organisation sie zu Beginn ihrer Tätigkeit in der neuen Heimat lassen will.

Tilmann hat sich nach einem geeigneten Fahrzeug für die Reise quer durch Europa umgesehen. Nach einigem Suchen und hartnäckigen Verhandlungen hat er einen türkischen Transporter erstanden. (Es erweist sich als praktisch, dass so viele Türken in Deutschland leben.) Der Wagen ist perfekt für den bewussten Zweck – er bietet genug Raum für ihre Siebensachen, und dass die Vorbesitzer Türken waren, ist ebenfalls von Vorteil: Beim Kauf hat Tilmann für einen Moment seine Scheu überwunden und den Preis auf gerade einmal 1000 Mark heruntergehandelt. Der Wagen wird die lange Strecke allemal bewältigen. Damit haben sie ein Problem weniger.

Dann geht es ans Einladen. Taschen und Koffer unterschiedlichster Größe, Form, Farbe und Beschriftung werden systematisch im Bus verstaut. Nähmaschinen, ein Computer, Tilmanns Werkzeugkoffer – das und vieles mehr verschwindet im Laderaum. Die wenigen Möbel, die sie besitzen, müssen natürlich auch mit, und als schließlich die Tür mit einem hässlichen Knirschen zufällt, ist der Transporter randvoll. Tilmann wird den Wagen steuern, die dreijährige Michal ihn begleiten. Susanne und das Baby werden per Flugzeug nachkommen.

Die Reise ist ermüdend. Aber einen längeren Abschnitt bewältigt der Transporter auf einer Fähre nach Antalya im Südwesten der Türkei. Das ist nicht so anstrengend für Tilmann und Michal. Von dort aus geht es die Küste entlang zu ihrem Zielort Adana. Die lange und holperige Fahrt ist für Michal eine der schönen Zeiten in ihrem Leben, die sie exklusiv mit ihrem Vater verbringt: etwas, was ihr niemand nehmen kann. Sie lachen und scherzen, wie sie es immer tun. Michal erweist sich für Tilmann als gute Beifahrerin auf einer viertägigen Reise, die ansonsten wohl ziemlich einsam gewesen wäre.

Inzwischen bugsiert Susanne einen Gepäckwagen mit unzähligen extra Taschen, die sie entweder unbedingt braucht oder die schlicht nicht mehr in den Wagen gepasst haben, zum Flughafen. Dazu hat sie auch noch Lukas auf dem Arm. Der Kleine ist nicht glücklich. Flughäfen sind für kleine Kinder keine besonders geeigneten Orte, zumal, wenn man gerade das Zuhause hinter sich gelassen hat und Papa und die Schwester nirgends zu sehen sind. Der Ärmste versteht nicht, was mit ihm passiert.

Seine Tränen und sein Gequengel erschweren Susanne die Situation zusätzlich. Dabei fürchtet sie sich bereits vor den horrenden Extragebühren für das zusätzliche Gepäck, die sie gleich wird zahlen müssen.

„Ich habe an diesem Tag viele Stoßgebete zum Himmel geschickt. Ich hatte kaum Geld, weder Bares noch sonst – nur mein Flugticket. Meine Taschen überschritten das Gewichtslimit von 30 Kilo um mindestens 200 Prozent. Kaum vorstellbar, dass sie diese Menge Gepäck einfach durchgehen lassen würden. Ich machte mir wirklich Sorgen, wie das gehen sollte."

Jetzt sollen sie einchecken. Susanne steuert das Ende der Warteschlange an, Lukas immer noch auf dem Arm. Sie hat den Weg zur Hälfte zurückgelegt, als ein Angestellter der Fluggesellschaft auf sie zukommt.

„Ist das alles Ihr Gepäck?", fragt er.

Susanne bejaht mit leicht zitternder Stimme. Ihr ist bange, was für eine vernichtende Auskunft sie gleich erhalten wird. Als sie den überraschten Gesichtsausdruck des Mannes sieht, erklärt sie, dass sie mit ihrer Familie in die Türkei zieht.

„Gut, kommen Sie mit", sagt der Mann in erstaunlich ruhigem Ton.

„Ich weiß nicht, wie viele Taschen und Kilos ich an diesem Tag dabei hatte, aber auf jeden Fall war ich weit über dem Erlaubten. Eine Tasche nach der anderen wurde aufgegeben und verschwand auf dem Laufband. Als alles abgewickelt war, fragte ich den Herrn, was mich das kosten würde, wohl wissend, dass ich nichts hatte, um zu bezahlen.

‚Nichts', gab er zurück. Ich konnte es nicht fassen. Ich war so weit über dem Limit, dass es schon unwirklich schien, aber Gott hatte meinen Hilferuf gehört. Er hat uns geholfen, und so konnte ich mit Lukas das Flugzeug besteigen. Gott sei Dank!"

Schwarz und Weiß in Adana

Das Leben in Adana gestaltet sich völlig anders als das, was Susanne und Tilmann bisher vertraut war, aber sie gewöhnen sich rasch ein. Mit brennendem Herzen warten sie darauf, mit Türken Freundschaften zu knüpfen, sodass sie die Mühen mit der Sprache und der Kultur, die unausweichlich kommen werden, nicht abschrecken können.

Susanne kommt anfangs besser zurecht als Tilmann. Er muss sich erst darauf einstellen, dass die heimische Wohnung zugleich sein Büro beherbergt. Auf die Dauer ist das nichts. Schon bald mietet er einen eigenen Arbeitsraum an und zieht mit seinen Unterlagen aus – weg von der lärmigen Wohnung. So stellt sich auch wieder die Freude übers Heimkommen ein, und er kann sich entspannen, ohne dass ein vollgepackter Schreibtisch in der Ecke ständig nach ihm verlangt.

Mit einigen Büchern in altem ottomanischen Türkisch versuchen Tilmann und Susanne, die Sprache des Landes zu lernen. Tilmann kommt aus einer Familie von Linguisten – seine Mutter hat den Kindern eine ganze Reihe von Sprachen beigebracht – und so versteht er schon bald die Grundregeln. (Tilmanns Sprachbegabung ist ihm auch im Theologiestudium zugute gekommen; dort hat er Altgriechisch und Hebräisch gelernt; seitdem hat er für seine tägliche Lektüre des Neuen Testaments den griechischen Urtext benutzt.) Susanne braucht für die Sprache etwas länger, auch deshalb, weil sie im zweiten Jahr ihrer Türkischstudien erneut schwanger wird.

Einige Zeit vor der Ankunft der Geskes war in Adana eine kleine türkische Hausgemeinde gegründet worden, aber der können sie sich als Ausländer nicht ohne Weiteres anschließen. Stattdessen treffen sie sich regelmäßig mit den wenigen anderen Mitarbeitern der Organisation in der Gegend und feiern mal in der einen, mal in der anderen Wohnung Gottesdienst. Die Arbeit in einem fremden Land weit weg von der Heimat kann sehr einsam sein, und so empfinden es Tilmann und Susanne als großes Geschenk und als Hilfe, dass sie Kollegen in der Nähe haben. Sie verbringen glückliche Zeiten zusammen – eine kostbare, ermutigende Erfahrung.

Susanne erinnert sich an die mühsamen Aufgaben jener ersten zwei Jahre. „Es blieb uns gar nichts anderes übrig, wir mussten viel Zeit auf das Erlernen der Sprache verwenden und uns mit der türkischen Kultur vertraut machen. Das war schwer und manchmal auch frustrierend. Wenn man nicht so schnell mit der Sprache klarkommt, wie man sich das vorgestellt hat, oder wenn man sich mit irgendwelchen Besonderheiten des Vokabulars abquält, dann möchte man schon manchmal aufgeben. In solchen Momenten muss man sich klarmachen, wozu man das eigentlich tut. Man muss sich daran erinnern, dass es die Mühe wert ist."

Bis sie sich mit der Kultur angefreundet haben und die Sprache sicher beherrschen, werden sie totale Außenseiter bleiben und keine Chance haben, in die türkische Kirche hineinzufinden. Das spornt sie ungemein an.

„Ich habe nie so etwas wie einen Kulturschock erlebt", erinnert sich Susanne gern und hält dann inne. Im Rückblick fallen ihr einige Dinge ein, die doch eine Umstellung erforderten: „Manchmal stellt man schon fest, dass nicht alles nur schön ist. Zum Beispiel, wenn man merkt, dass man belogen worden ist oder dass einen jemand übervorteilt hat, nur weil man fremd ist. Daran muss man sich erst gewöhnen."

Sie bezweifelt, dass man sich je daran gewöhnen kann: Dass man unablässig angestarrt wird, dass Autos bei Tag und Nacht fleißig hupen, dass der Muezzin fünfmal am Tag von der örtlichen Moschee zum Gebet ruft. Selbst die einfachsten Aufgaben wie der Einkauf von Lebensmitteln oder die Zubereitung des Essens scheint zweimal so lange zu dauern wie im Heimatland. Manche Frauen sind vom Scheitel bis zur Sohle verschleiert, während andere den westlichen Vorbildern auf MTV auch in Sachen Mode nacheifern. Viele der Frauen, denen Susanne auf der Straße begegnet, können kaum fassen, was für Freiheiten sie genießt: Einen Pass, mit dessen Hilfe sie zu jedem gewünschten Ziel auf der Welt reisen kann; einen Ehemann, der ihr vertraut, sie unterstützt und ermutigt, etwas aus ihrem Leben zu machen.

Obwohl Tilmann sich bemerkenswert schnell einlebt, findet auch er das neue Leben in der Türkei beschwerlich. Er ist ein stiller Mann, der sich gern in seiner Arbeit vergräbt und diese Arbeit dann sehr gut macht. Er ist gründlich und gibt bei allem, was er anfängt, hundert Prozent.

Susanne erinnert sich an einen Vorfall, als Tilmann besonders in Rage geriet.

„Tilmann hat gewöhnlich nicht sehr viel gesprochen, aber eines Tages kam er von der Arbeit heim und begann sofort zu erzählen – er hat fast geschrien. Er war ja ein ausgesprochener Perfektionist, und deshalb hat es ihn maßlos aufgeregt, wenn jemand schlampig gearbeitet hat. Als er an jenem Tag nach Hause kam, war er total enttäuscht. ‚Diese Kinder wollen einfach nicht lernen‘, fing er an, ‚das ist so frustrierend … Sie haben jetzt schon so viele Jahre Englisch in der Schule, und trotzdem wissen sie nichts. Was soll ich den Eltern sagen? Ihr Kind kann nichts? Das werden sie nicht ertragen. Mein Chef will, dass ich ihnen gute Leistungen bescheinige, damit sie an der Schule bleiben, aber das kann ich nicht machen.'

Mein Mann war sonst eher still, aber er setzte seine Leidenschaft darein, seine Aufgaben korrekt zu machen."

Nachdem die Geskes zwei Jahre lang einem internationalen Team angehört haben, gibt es plötzlich wie aus heiterem Himmel eine Veränderung. Die beiden Teamleiter kehren im Sommer in ihre Heimat, nach Kanada zurück.

Auf einmal sind Tilmann und Susanne für die kleine Gruppe verantwortlich, obwohl sie diese Verantwortung nie allein ausgeübt haben – sie mögen lieber mit ihren Kollegen als einsam entscheiden.

Kurze Zeit später stößt eine weitere Familie aus Deutschland zu ihnen, und sie bilden gemeinsam eine Art „Deutschen Arbeiterverein", wie Susanne es ausdrückt. Bald kommen andere Ausländer dazu. Nun ist es zwar vorbei mit dem Austausch auf Deutsch, aber so ergibt sich die Gelegenheit, einen „internationalen Sonntag" in ihrem Haus abzuhalten. Und es kommen immer auch Türken zu diesen Treffen.

„Glücklicherweise wurde unser Haus bald zu klein dafür, und wir mussten die Treffen in das Haus von Freunden verlegen, die mehr Platz hatten. Es waren oft zwanzig Leute da, manchmal auch mehr, wenn wir gerade eine Gruppe zu Besuch hatten, die zu einem Einsatz da war, besonders aus Amerika. Wir hatten es eigentlich nicht darauf angelegt, dass noch mehr Ausländer zu unseren Gottesdiensten kamen, denn das ist nicht unbedingt hilfreich, aber sie waren nun mal da, und so machten wir weiter."

Die Mitarbeiter haben daneben aber durchaus Kontakte zu den einheimischen Christen. Jeweils einmal im Monat an einem

Freitag treffen sie sich zu einer gemeinsamen Gebetszeit. Bei diesen Gelegenheiten tauschen sie sich aus und lassen die anderen an ihrer jeweiligen Arbeit teilhaben.

Bei einer dieser Begegnungen berichten die Leute der türkischen Gemeinde von ihren Platzproblemen. Sie brauchen einen größeren Versammlungsraum und ahnen nicht, dass die internationale Gemeinde vor demselben Problem steht. Auch die braucht mehr Platz.

„Sie fragten uns, ob wir uns ein Gebäude mit ihnen teilen würden. Das war großartig. Die einen würden ihren Gottesdienst am Vormittag abhalten, die anderen am Nachmittag. Perfekt. Wir stimmten zu und machten uns an die Arbeit. Wir fanden ein geeignetes Haus, das wir mieten konnten. Mit etwas Arbeitseinsatz richteten wir es richtig schön her. Tilmann hat handwerkliches Talent und konnte das bei der Gelegenheit auch zeigen. Er war immer schon gut im Entwerfen, Durchdenken und Tüfteln. Und so gestalteten wir das Gebäude im Januar 2000 zu einem richtigen Gemeindehaus um. Der Vermieter wusste, dass wir es als Kirche nutzen wollten, aber er wollte es gar nicht so genau wissen. Ein netter Mensch. Dazu kam noch ein weiterer großer Vorteil: Das Gebäude grenzte nicht direkt an andere Häuser an. So mussten wir die Nachbarn nicht um ihr Einverständnis bitten. Mit diesem Haus hat Gott beide Gemeinden perfekt versorgt."

Susanne ist eine fleißige Arbeiterin, und das wird durch ihre Partnerschaft mit einem talentierten Ehemann noch verstärkt. Sie knüpft und pflegt unermüdlich Kontakte zu den Nachbarinnen. Oft geht es in den Gesprächen um die Kinder, und sie dankt Gott auch deshalb für ihre drei Kleinen, die ihr den Zugang zu Türkinnen so erleichtern.

„Es war so leicht, Freunde zu gewinnen, weil ich drei kleine Kinder hatte und sie in den Kindergarten bringen konnte. Nach zwei Jahren zogen wir um, weg von der Hauptstraße, in ein altes, kleines alleinstehendes Flachdachhaus in einem neuen Viertel der Stadt. Es lag in einer Sackgasse. Das war toll für Miriam, unsere Jüngste. Sie war erst sechs Monate alt, krabbelte aber schon. Alle Türen waren offen, und ich saß draußen und trank mit den Nachbarinnen türkischen Tee. Das war die ideale Umgebung, um es sich gut gehen zu lassen und einander kennenzulernen. Zu gegebener Zeit konnte ich aus meinem Leben und von meinem Glauben erzählen. Die Kinder der Frauen fanden es toll, Ausländer als Nachbarn zu haben, und ich habe erst dort richtig Türkisch sprechen gelernt."

Unglücklicherweise gewöhnen sich die Kinder nicht so rasch ein wie ihre Eltern. Michal, die Älteste, findet besonders die ersten Monate hart. Sie hat mit Mama und Papa ja schon in England und Deutschland gelebt; das ist nun ihr drittes Land. Verständlich, dass sie sich schwer tut. In den ersten Monaten in der Türkei fragt sie oft: „Mama, wann ziehen wir wieder um?" Michal ist sicher, dass der nächste Umzug schon bald kommen wird, so wie sie es bisher regelmäßig erlebt hat. Sowohl Susanne als auch Tilmann versichern ihr nach Kräften, dass sie so bald nicht wieder in ein anderes Land ziehen werden.

Susanne erinnert sich noch genau, wie sich die rastlosen Jahre auf die kleine Michal ausgewirkt haben. „Eine Zeit lang malte sie ihre Bilder nur mit schwarz und weiß. Sie benutzte nie Farben." Es tut Susanne weh zu sehen, was die vielen Umzüge in ihrer Tochter bewirkt haben. Zum Glück gibt sich das allmählich, nachdem sie sich in Adana niedergelassen haben.

„Der entscheidende Schritt nach vorn kam, nachdem ich sie

im Kindergarten angemeldet hatte. Da begann sie in leuchtenden Farben zu malen. Sie war noch nicht mal vier Jahre alt, aber sie konnte ihre Einfälle kraftvoll zum Ausdruck bringen. Es war nicht zu verkennen – sie war glücklicher und ging gern in den Kindergarten."

Obwohl sich die Dinge also günstig entwickeln, sind Susanne und Tilmann noch nicht dort, wo sie gerne hinwollen. Sie wollen ja unbedingt die Unerreichten erreichen. Sie wollen weiter nach Osten ziehen, tiefer hinein ins islamische türkische Kernland.

Aber um welchen Preis? Susanne kommt wiederholt in den Sinn, was sie Gott Jahre zuvor gelobt hat: „Alles, was ich habe, gehört dir. Alles."

Die Arbeit macht Fortschritte

Susanne und Tilmann sind nicht in die Türkei gekommen, um sich mit Ausländern abzugeben. Sie wollen mit Einheimischen arbeiten. Die Zeit der Sprachstudien und der Eingewöhnung sind unumgänglich, aber sie sind nur Mittel zum Zweck. Sie wollen den Türken dienen. Ihre Leidenschaft für die Muslime entspringt einer tiefen Liebe.

Die erste Gelegenheit bietet sich ihnen, als einige wichtige Mitglieder der türkischen Gemeinde spüren, welche Liebe Susanne und Tilmann für die Türken empfinden. Sie laden sie ein, an ihrem Gemeindeleben teilzunehmen. So werden sie sich leichter einfühlen können. Die beiden sind natürlich erfreut und nehmen das Angebot an. Und so besuchen sie in den folgenden Monaten vormittags den internationalen und nachmittags den türkischen Gottesdienst.

„Dadurch, dass unsere Verantwortung in beiden Gemeinden wuchs", erinnert sich Susanne, „standen wir zunehmend unter Druck. Tilmann hat oft am Vormittag gepredigt; ich habe die Kindergruppe betreut – das wurde uns bald zuviel. Zum Glück ist das auch anderen aufgefallen, und sie kamen uns zu Hilfe. Es blieb keinem verborgen, dass sich gerade unser Wechsel in die türkischsprachige Gemeinde vollzog. Wir freuten uns riesig. Genau dazu waren wir ja gekommen."

Leidenschaftliche Liebe zum türkischen Volk – das geht natürlich einher mit dem Wunsch, die Türken auch mit Jesus Christus bekannt zu machen. Susanne gibt offen zu, dass sie von Natur aus kein Mensch ist, der andere drängt, wenn es um das Evangelium geht. Sie spricht gern und offen über ihren Glauben, aber es liegt ihr fern, ihre Gesprächspartner zu einer Entscheidung zu nötigen. Tilmanns Haltung ist ganz ähnlich. Zugleich will aber auch keiner von beiden eine Chance auslassen, vom Glauben zu erzählen. Diese Mischung aus Zurückhaltung, Freundschaft und Überzeugung prädestiniert sie regelrecht für die Arbeit mit dem Alphakurs, einem Grundkurs für Leute, die den christlichen Glauben kennenlernen wollen.

„Wir bekamen stets genügend Teilnehmer für einen Kurs zusammen, immer fünf bis sieben auf einmal. Wir hatten ein paar junge Männer, die gerade ihren Wehrdienst absolviert hatten. Sie waren vor Kurzem zum Glauben gekommen, und der Kurs verhalf ihnen zu einer soliden Grundlage. Zwei von ihnen sind inzwischen Gemeindeleiter."

Doch das Normale ist – in der Türkei wie anderswo –, dass Menschen derselben Sprache einander zum Glauben führen. Wie in dem folgenden Bericht:

Ein Türke, nennen wir ihn Kaan, befindet sich gerade auf der Straße, als ein frühsommerlicher Wolkenbruch niedergeht. Er hat zum Glück einen Schirm dabei, aber auf der anderen Straßenseite sieht er einen Fremden, der weder Mantel noch Schirm hat und ziemlich nass wird. Kaan winkt ihm zu und bietet ihm unter seinem Schirm Schutz vor dem Regen an. Der Fremde nimmt dankend an und läuft über die Straße, wobei er versucht, den braunen Pfützen auf der unebenen Fahrbahn auszuweichen.

Unterwegs unter dem Schirm erzählt der Fremde, sein Name sei Chris, und sie bemerken rasch, dass sie sich nicht verständigen können. Chris ist Deutscher und kann nur ein paar Brocken Türkisch, und Kaan spricht überhaupt kein Deutsch. Aber er kann Chris immerhin verständlich machen, dass er ganz in der Nähe eine Bekannte hat, die Deutsch kann. Er schlägt vor, dort vorbeizuschauen und mit der Dame zu reden.

Die Aussicht, mal wieder in seiner Muttersprache reden zu können, klingt für Chris verlockend, und so folgt er Kaan zur Wohnung von Frances, einer älteren türkischen Dame, die in Deutschland gearbeitet hat. Sie ist tatsächlich zu Hause. Nachdem sich die Gäste etwas abgetrocknet haben, setzen sich die drei zusammen ins Wohnzimmer. Kaan lehnt sich zurück und verfolgt erstaunt, wie sich die beiden anderen in für ihn halsbrecherischem Tempo auf Deutsch unterhalten.

Nach einer Weile greift Frances ins Regal nach ihrer deutschsprachigen Bibel. Sie ist ziemlich abgegriffen, der Inhalt an vielen Stellen markiert. Offensichtlich liest sie oft darin.

Noch am selben Tag kann Frances Chris zum Glauben an

Jesus führen – und das alles aufgrund der Aufmerksamkeit von Kaan während eines Wolkenbruchs. Einige Monate später wird auch Kaan gläubig, als Spätfolge jenes ersten Treffens. Heute ist Kaan mitverantwortlich für eine der türkischen Gemeinden und hat seinerseits erlebt, wie andere durch sein Glaubenszeugnis zu Jesus fanden. So kommt die gute Nachricht auf überraschenden Wegen auch in diesem Land zu Männern und Frauen.

Zu erleben, wie Menschen zum Glauben finden, verleiht Susanne und Tilmann zusätzlichen Auftrieb. Sie sind ja in die Türkei gekommen, um anderen genau dazu zu verhelfen. Aber noch leben sie nicht unter Menschen, die bisher noch überhaupt keine Bekanntschaft mit dem Glauben gemacht haben. Und solange sind sie nicht restlos zufrieden. Ihre Sehnsucht, Teil einer solchen Gemeinschaft zu werden, wird immer drängender. Sie wissen, dass damit ein weiterer Umzug verbunden sein wird, und sie sorgen sich, wie die Kinder das wohl aufnehmen werden, vor allem Michal. Andererseits weiß Gott, was er tut. Darauf vertrauen sie, und von ihm erwarten sie ein entsprechendes Signal.

Mühsame Suche

Zum Umzug schreibt Susanne: „Fürchte dich nicht, sondern rede und schweige nicht! Denn ich bin mit dir, und niemand soll sich unterstehen, dir zu schaden; denn ich habe ein großes Volk in dieser Stadt' (Apostelgeschichte 18,9-10; revidierte Lutherbibel).

Für uns in Malatya …

‚Herr, es ist dir nicht schwer, dem Schwachen gegen den Starken zu helfen. Hilf uns, Herr, unser Gott: denn wir verlassen uns auf dich, und in deinem Namen sind wir gekommen gegen diese Menge. Herr, du bist unser Gott, gegen dich vermag kein Mensch etwas' (2. Chronik 14,10; revidierte Lutherbibel).

‚… sie haben ihr gottloses Lügenmaul wider mich aufgetan … streiten wider mich ohne Grund. Dafür, dass ich sie liebe, feinden sie mich an; ich aber bete (!!!!!).

Sie erweisen mir Böses für Gutes und Hass für Liebe' (Psalm 109,2-5; rev. Lutherbibel).

Beten, beten, beten, beten, beten, … für Malatya.

Hilf uns, HERR, darin ganz treu zu sein. Danke."

Susanne hat eine Frauentagung ein ganzes Stück von Adana entfernt besucht. Die Tagung selbst wäre nicht erwähnenswert, wenn Susanne dort nicht unabsichtlich Ohrenzeugin eines Gesprächs zwischen zwei Frauen neben ihr geworden wäre. Eine hat der anderen über ihren bevorstehenden Umzug nach Malatya, eine Stadt im Südosten der Türkei, erzählt. Der Ortsname hat sich in Susannes Gedächtnis festgesetzt.

Als sie wieder heimkommt, ihre Sachen auspackt und die

schmutzige Wäsche in den Korb wirft, ruft sie Tilmann im Nebenraum zu: „Weißt du, wo Malatya liegt?"

„Wie bitte?"

Sie geht hinüber ins Wohnzimmer, immer noch ein paar Kleidungsstücke in der Hand, und wiederholt ihre Frage: „Malatya. Hast du 'ne Ahnung, wo das liegt?"

Tilmanns Gesicht verzieht sich zu einem Grinsen. Er erklärt Susanne, warum. Erst ein paar Tage vorher hat er sich wie schon oft in die Landkarte der Türkei vertieft, und dabei war sein Blick an dieser Stadt im Osten hängengeblieben: Malatya. Er hat sich überlegt, ob das vielleicht ein geeigneter Ort für ihre Arbeit wäre. Und seitdem hat er ein wenig nachgeforscht.

„Er hat erwähnt, dass die Stadt eine gute Universität hat. Das war ein starkes Argument für ihn, denn damals dachte er darüber nach, ein eigenes Geschäft zu eröffnen, um Geld zu verdienen. Das war sein Ziel. Natürlich nicht, um reich zu werden. Er wollte finanziell unabhängig sein. Tilmann hielt es für wichtig, der türkischen Gemeinschaft zu zeigen, dass wir nicht von fremdem Geld abhängig waren. Türken sollten sehen können, dass Christen in einem ganz normalen Beruf arbeiten und ein normales Leben führen wie jeder andere Mensch.

Leute, die zum Glauben gekommen waren, suchten sich nämlich oft einen Job bei Ausländern. Das verhieß viel Geld aus dem Ausland. Oder aber sie versuchten, in den hauptamtlichen Dienst für eine Gemeinde zu gelangen. Auch das versprach ein festes Einkommen", erklärt Susanne.

Natürlich können Susanne und Tilmann nicht einfach aus Adana wegziehen und die Arbeit dort verwaist zurücklassen, aber der Wunsch, nach Malatya zu gehen, ist geboren, und ihrer beider Aufregung ist unverkennbar. Es folgen Gespräche und Diskussionen mit den anderen Mitarbeitern. Gemeinsam fragen sie nach dem Willen Gottes.

Schon bald wird klar, dass ihre Begeisterung in die richtige Richtung geht. Gott hat nicht nur mit Susanne und Tilmann gesprochen, sondern auch mit einigen anderen Mitarbeitern. Oft fragen Susanne und Tilmann ihren himmlischen Vater, was sie tun sollen und wann. Wieder einmal legen sie großen Wert darauf, dass sie seiner Regie folgen.

Tilmann eröffnet schon bald mit einem Engländer zusammen eine Firma namens „Silkroad Language Consulting" („Seidenstraßen-Sprachberatung", später nur noch Silkroad Consulting; es handelt sich um eine Sprachschule, aber aufgrund gesetzlicher Bestimmungen darf es nicht so heißen). Es ist sinnvoll, die Firma in einer Universitätsstadt anzusiedeln, wo man mit den Studierenden einen potenziellen Kundenkreis hat.

„Das gab uns die Chance zum Umzug nach Malatya. Wir sprachen mit den anderen Ehepaaren im Team darüber, aber von denen fing niemand so richtig Feuer für Malatya. Wir waren also auf uns allein gestellt."

2002 unternehmen Susanne und Tilmann eine Erkundungstour in die Stadt. Sie reisen ohne die Kinder während des Zuckerfestes (so heißt das Fest des Fastenbrechens nach dem Fastenmonat Ramadan) nach Malatya, um sich ein erstes Bild zu machen.

Wenn Susanne ihre Tagebucheinträge von damals nachliest, dann war der erste Eindruck abschreckend. Dichte Regenwolken hingen über der Stadt, bereit, alle zu durchweichen, die den Kopf herausstreckten. Das Grau, das Dunkel und das schlechte Wetter erzeugte unausweichlich eine depressive Stimmung. Um dieses Empfinden von Finsternis noch zu verstärken, ist gerade der

Ramadan zu Ende, und mit Beginn des Zuckerfestes kleiden sich alle Menschen in Schwarz, wie es bei diesem Fest dort Sitte ist.

Man könnte meinen, dass die Geskes damit genug gesehen haben, um niemals wiederzukommen. Oder dass sie zumindest Alternativen erwägen werden. Aber nach nur einem Tag in Malatya sind sich beide unabhängig voneinander klar geworden: Das ist der Ort, an dem sie leben wollen.

Innerlich zieht es sie ungeduldig in diese wichtige Universitätsstadt, aber sie wissen auch, dass ein Umzug nicht problemlos ablaufen wird. Wohnungen sind nur schwer zu bekommen. Die meisten verfügbaren Wohnungen stehen nur zum Verkauf; die wenigen Mietobjekte sind oft unerschwinglich teuer.

„Wir wollten die Kinder so viel wie möglich in den Umzug einbeziehen. Das würde unser neues Zuhause werden, und wir wollten, dass sie glücklich waren. Als wir von unserer Tour zurückkamen, haben wir ihnen erzählt, was wir gesehen hatten, und haben sie in unsere Pläne eingeweiht. Sie konnten nicht viel damit anfangen und lebten erst mal einfach weiter wie bisher. Aber wir hatten vor, im Mai noch einmal in die Stadt zu reisen. Dann wollten wir gemeinsam nach einer Wohnung suchen, und die Kinder würden sich selber eine Meinung von der Gegend bilden können."

Zur Erleichterung von Susanne und Tilmann fällt die Reaktion der Kinder im Mai eindeutig aus.

Als sie in Malatya aus dem Auto steigen, blicken die Kinder ringsum auf Felder, und am Horizont ragen Bergketten auf.

„Boa – das ist ja schön grün hier, Mama!"

Adana ist eine vergleichsweise düstere Stadt mit einem grauen Häusermeer, zwischen dem nur wenig Grün wächst. Malatya bietet einen ganz anderen Anblick.

Die Stadt Malatya liegt in Ostanatolien am Fuß des östlichen Taurusgebirges in einem Hochtal fast tausend Meter über dem Meeresspiegel. Das Klima der Region ist perfekt für das Gedeihen des Hauptexportartikels – Aprikosen. Heiße, trockene Sommer wechseln sich mit kalten, schneereichen Wintern ab. Zur ausreichenden Bewässerung des fruchtbaren Bodens tragen der Euphrat und seine Zuflüsse bei.

Die Provinz Malatya ist stolz darauf, weltweit führend im Aprikosenanbau zu sein. Oft werden die Früchte in familieneigenen Gärten nach traditionellen Methoden in der Sonne getrocknet. Während der Erntezeit kann man dem Anblick der kleinen orangefarbenen Früchte auch in der Stadt nicht entkommen. Aus welcher Perspektive man auch schaut – die Aprikose beherrscht alles.

Ein gravierendes Problem gilt es noch zu lösen. Die Geskes können nichts unternehmen, solange sie keine passende Wohnung finden. Und die Auswahl ist, wie erwähnt, begrenzt.

Stunde um Stunde fahren Susanne und Tilmann mit den Kindern die Straßen der Vororte ab und beten und hoffen, etwas Geeignetes zu finden. Allmählich werden sie unruhig, zumal die Sonne den alten Wagen ordentlich aufheizt. Susanne sorgt sich: Was, wenn sie nichts finden? Und wenn das der Fall ist, was will Gott ihnen damit deutlich machen?

„Ich habe Ihnen doch gesagt –
Sie bekommen die Wohnung!"

Allmählich schwindet die Hoffnung auf eine sowohl passende wie bezahlbare Wohnung. Das ist nun schon ihr zweiter Besuch in der Region. Mietwohnungen sind keine Option – der Markt ist leergefegt, und ein Wohnungskauf liegt jenseits ihrer finanziellen Möglichkeiten. Sie müssten dafür den Gegenwert von etwa 35.000 Euro aufbringen.

Zwei Wochen später kommen sie noch einmal zurück, diesmal ohne Kinder und in banger Erwartung. Nach einigen Stunden erfolgloser Suche brauchen sie unbedingt eine Pause. Zum Spaß und um die Monotonie des Umrundens von Häuserblocks aufzubrechen, schlägt Tilmann vor, dass sie sich ja mal das noble Ende der Stadt ansehen könnten. Sie können sich die Wohnungen dort zwar nicht leisten, abgesehen davon sind auch gar keine frei, aber es wäre eine interessante Abwechslung, sich dort mal umzuschauen. Sie haben am Vormittag schon einige Wohnungen näher an der Innenstadt besichtigt, aber die müssten so gründlich renoviert werden, dass sie den geforderten Preis niemals wert sind.

Die Wohnhäuser in diesem Neubauviertel sind geräumig, umgeben von saftigem Rasen und bieten einen Blick aufs Gebirge. Ein Spielplatz liegt gleich nebenan. Den Kindern würde es hier gefallen, denkt Susanne, just als Tilmann ein kleines Schild mit der Aufschrift „Zu vermieten" erspäht. Es hängt im Erdgeschoss eines Wohnblocks, der noch nicht ganz fertiggestellt ist. Sie wissen, dass es für sie unbezahlbar sein wird, wie immer, aber sie wollen sich hinterher keine Vorwürfe machen, dass sie es nicht versucht hätten. Außerdem ist das eine Gelegenheit, sich etwas die Beine zu vertreten. Also steigen sie aus dem Auto und inspizieren das Gebäude.

„Die Wohnung war wunderschön. Sie wäre optimal für uns zum Leben gewesen. Wir waren beeindruckt. Die Zimmer waren groß, boten viel Platz für spielende Kinder. Ich hatte eine lange Liste von Eigenschaften im Kopf, die eine geeignete Wohnung für uns vorweisen musste, und diese hier erfüllte sie alle – genau so etwas brauchten wir."

Im Geist richtet Susanne schon die einzelnen Räume ein, aber dann ruft sie sich ihre finanziellen Grenzen ins Gedächtnis. So eine Wohnung wird ihr Budget bei Weitem sprengen. Sie hat sich ja schon ein Bild gemacht, was für welchen Preis zu bekommen ist, und die Aussichten sind nicht rosig, wenn sie an ihren letzten Kontoauszug denkt.

Trotz allem sagen sie sich, dass ein Anruf beim Eigentümer nicht schaden kann. Dann fahren sie zu ihm.

„Dabei kamen wir sofort auf den Punkt. Wir mussten wissen, wie viel es kosten würde. Wir rechneten damit, dass uns der Vermieter etwas um die 250 Lira pro Monat nennen würde. Wir hielten die Luft an und warteten … – 150 Lira! Wir waren entgeistert, und das merkte er wohl. Er fragte, ob uns das zu viel sei, und wir beeilten uns, ‚Nein, nein' zu sagen. Wir hätten ihm am liebsten die Hände geküsst. Mühsam versuchten wir Ruhe zu bewahren und fragten ihn, ob wir die Wohnung haben könnten. Er willigte ein – allerdings sollten wir eine Kaution hinterlegen."

Tilmann und Susanne kramen in ihren Taschen. Neben ein paar Fetzen Papier fördern sie nur einen zerknitterten 20-Lira-Schein zutage. Das ist alles, was sie haben. Sie halten ihn dem

Vermieter hin und hoffen gegen alle Vernunft, dass es reichen wird. Und tatsächlich ist der Mann damit zufrieden. Er akzeptiert den Geldschein als Kaution und notiert ihre Telefonnummer auf einem Stück Papier, faltet es zusammen und steckt es sich in die Tasche. Er verspricht, sie anzurufen. Ihre Zukunft nimmt Gestalt an; die Wohnungsfrage ist geklärt, und die Welt sieht wieder freundlich aus. Vielleicht, nur vielleicht ist das ja wirklich der Platz, an dem Gott sie haben will.

Drei Tage später bekommt Susanne das Nervenflattern. Sie schnappt sich das Telefon und ruft den Hausbesitzer an. Sie hat nichts gehört und sich schon gefragt, ob er ihre 20 Lira vielleicht verjubelt hat – und ihre Aussicht auf die Wohnung gleich mit.

„Bekommen wir die Wohnung immer noch?", fragt Susanne nachdrücklich.

„Aber ja! Natürlich!"

Wenn er sie über den Tisch zieht, dann klingt er zumindest überzeugend. Ein paar Tage später überkommt sie wieder die Sorge, und so ruft sie noch einmal an.

„Sind Sie sicher, dass wir sie bekommen?"

„Sehen Sie, ich habe es Ihnen doch gesagt", gibt der Mann zurück, in leicht gereiztem Tonfall, weil sie es offenbar immer noch nicht begreift, obwohl er es doch mehrfach versichert hat. „Sie bekommen die Wohnung." Endlich ist sie beruhigt – sie haben eine Wohnung.

Der endgültige Vertragsabschluss gestaltet sich schwierig, weil die Geskes immer noch als Ausländer gelten, obwohl sie sich doch ganz offensichtlich in die türkische Gesellschaft eingliedern wollen. Tilmann nimmt geduldig und hartnäckig die Behördengänge und die Klärung des Papierkrams auf sich. Mit seiner

Geduld und Ruhe ist er wirklich die vollkommene Ergänzung für Susanne.

Gott hat den beiden auf wunderbare Weise zu einer Wohnung verholfen, von der sie allenfalls zu träumen gewagt haben. Nun sind sie erst recht gespannt, was er wohl als Nächstes mit ihnen im Sinn hat.

In Malatya

Ginge es nach Susanne und Tilmann, dann würde ihr Umzug nach Malatya am besten unbemerkt erfolgen. Aber einen Tag vor dem Umzug ruft ein Südafrikaner, der schon im Mai mit seiner Familie nach Malatya gezogen ist und ihr Teamleiter werden soll, bei Geskes an und verkündet: „Herzlichen Glückwunsch!! Ihr habt es auf die erste Seite der hiesigen Zeitung geschafft!" Dort ist ein Artikel herausgekommen, in dem die verschiedenen Firmen und Namen der Ausländer kunterbunt vermischt sind. So weiß man nun, dass Christen, „gefährliche" Leute, nach Malatya gezogen sind.

Tilmann arbeitet hart und verlässlich. Er arbeitet allein, sein Sprachberatungsgeschäft entwickelt sich gut und eröffnet ihm viele Gelegenheiten, mit seinen Kunden und Geschäftspartnern über das Leben und den Glauben ins Gespräch zu kommen. Und er lässt diese Gelegenheiten nicht aus, erzählt ihnen von Jesus, macht das Beste aus seinen Möglichkeiten.

Nachdem Susanne und Tilmann nach Malatya gezogen sind, stoßen zwei weitere Ehepaare zu ihnen und den Südafrikanern:

ein türkisches und ein britisches. Sie arbeiten im Auftrag unterschiedlicher Organisationen, sie repräsentieren vier verschiedene Sprachen – und bilden nun ein Team. Trotz ihrer Unterschiedlichkeit wirken sie gut zusammen. Matthew aus Südafrika ist der Teamleiter. Er ist ein begnadeter Organisator und kann Menschen gut zusammenführen. Jeden Monat trifft sich ihre Hausgemeinde in einer anderen Wohnung. Wo immer sie sich begegnen, kümmert sich Tilmann um die Lieder. Er ist ein großartiger Musiker.

„Zu Hause spielte er oft auf dem E-Piano, aber er scheute sich, vor aller Ohren zu spielen. Lieber setzte er sich den Kopfhörer auf. Ich schlich mich manchmal hin und zog den Stecker raus, damit ich seine Musik auch hören konnte. Aber er steckte ihn sofort wieder rein. Er war bescheiden, wollte kein Aufsehen machen."

Das Team arbeitet in zwei Gruppen: die Türken mit den Deutschen, die Briten mit den Südafrikanern. Am Sonntag treffen sie sich jeweils zum Gottesdienst; außerdem kommen sie einmal im Monat zusammen, um sich gegenseitig ins Bild zu setzen, Probleme zu diskutieren und Gebetsanliegen auszutauschen.

Aufgrund von Visaproblemen und anderen Schwierigkeiten muss Matthew, der Teamleiter, mit seiner Frau und den drei Kindern 2006 nach Südafrika zurückreisen. So bleiben nur noch drei Paare übrig. Sich auf die neue Konstellation einzustellen, ist gar nicht so einfach. Matthew hat wichtige Aufgaben in der Arbeit in Malatya wahrgenommen und wird schmerzlich vermisst. Tilmann, eigentlich nicht der Typ, der sich nach vorne drängt, wächst in bewundernswerter Weise mit der zusätzlichen Verantwortung, die er nun übernehmen muss. Sein verlässlicher Charakter erweist sich nun als unschätzbar wertvoll.

„Seine Firma – Silkroad Consulting – bot hauptsächlich Eng-

lisch- und Deutschunterricht an, nebenbei auch Übersetzungs-
arbeiten. Es fiel ihm so leicht, sich in fremde Sprachen hinein-
zudenken. Das war wie eine zweite Natur. Er durfte offiziell keine
Übersetzungen vornehmen, denn er war ja kein Türke, und ihm
fehlte das entsprechende Diplom. Selbst wenn man viel bessere
Qualifikationen hatte – wenn man der Nationalität nach kein
Türke war, durfte man es nicht tun."

Dann läuft Tilmanns Arbeitserlaubnis ab, und so muss sich sein
Arbeitsschwerpunkt verschieben. Bis dahin hat er für türkische
Geschäftsleute deutschsprachige Dokumente ins Türkische über-
setzt und umgekehrt. Sein theologischer Hintergrund und seine
Vielsprachigkeit prädestinieren ihn für die Arbeit an einer neuen
türkischen Studienbibel. Das liegt ihm, das macht ihm Spaß.

Die türkischen Behörden wollen wie solche in vielen anderen
Ländern keine Ausländer in Jobs, die auch Türken machen können, und sie wollen sagen können, dass sie keine Ausländer brauchen. Ausländern, vor allem solchen aus dem Westen, stehen sie
notorisch misstrauisch gegenüber. Im Hinblick darauf, was Ausländer innerhalb der türkischen Kultur tun dürfen oder eben
nicht, gibt es zahlreiche Einschränkungen und Bestimmungen.
Tilmanns Übersetzerdiplom kommt aus Deutschland und wird
deshalb von den türkischen Behörden nicht anerkannt. Allerdings kennen Tilmann und Susanne einen türkischen Übersetzer.
Wenn Tilmann einen Übersetzungsauftrag abgeschlossen hat,
versieht dieser die Arbeit mit seinem Stempel und zeichnet sie
ab, sodass sie im Sinne der Bestimmungen korrekt ist. Der Mann
ist ein echtes Gottesgeschenk.

Tilmann hat immer gut zu tun, obwohl er so schüchtern ist
und nur ungern für sich selbst Werbung macht.

„Er konnte sich nie besonders gut verkaufen", erinnert sich

Susanne. „Er hätte sich nie mit einer seiner Fähigkeiten vorgedrängt. Dafür hat er aber stets die Fähigkeiten von anderen anerkannt, hat auf sie verwiesen: ‚Die können das besser als ich.‘ Wenn er sich mal wieder selbst klein gemacht hat, habe ich ihm gesagt: ‚Hör auf! Du bist gut, du kannst das besser als die meisten andern hier.‘ Aber er hat das nie gelten lassen.“

Zwar stellt Tilmann in den Fabriken und Büros der Stadt seine Firma und ihre Dienstleistungen vor, aber das bringt nicht viele Aufträge. Er ist glücklich, wenn er in seinem Büro mit der Übersetzungsarbeit weitermachen kann. Potenzielle Kunden abklappern und für seine Firma werben ist nicht sein Ding. Die meisten Aufträge erhält er durch Mund-zu-Mund-Propaganda oder als Folgeaufträge, und das macht ihm Mut. Denn es bedeutet, dass er gute Arbeit leistet – auch wenn er sich das selbst oft nicht eingesteht.

„Er übersetzte alle Arten von Dokumenten. Leute aus der staatlichen Verwaltung kamen oft rein und ließen ihn Schriftsätze auf Deutsch erstellen. 75 Prozent der weltweiten Aprikosenernte kommt aus der Provinz Malatya, und so hat er manchmal auch für die Exportfirmen im Aprikosengeschäft übersetzt. Er hat ohne Unterschied alle unterrichtet oder für sie übersetzt, die sich an ihn gewandt haben.“

Bei einem Ostergottesdienst im städtischen Hotel „Altin Kayisi“ will Tilmann zusammen mit anderen sein musikalisches Talent einbringen. Zwar können die Mitarbeiter aufgrund von Sicherheitsbedenken nicht offen und allgemein zu dem Gottesdienst einladen, aber sie tun ihr Bestes, um im Zusammenhang mit dieser Veranstaltung so viele Kontakte wie möglich zu knüpfen. Es ist Ostersonntag, und die Gäste nehmen ihre Plätze ein. Einer der Mitarbeiter steht gewöhnlich am Eingang und heißt die Besucher willkommen, hält dabei gleichzeitig die Augen offen nach auffälligen Leuten – auffällig in dem Sinn, dass sie sich verdächtig verhalten und möglicherweise Störungen verursachen könnten. Diesmal jedoch sind alle männlichen Mitarbeiter mit anderen Dingen beschäftigt, und so fällt diese Verantwortung Susanne zu. Nicht, dass das ein Problem wäre, sie hat das schon öfters gemacht. Unter den Leuten, die eintreten, entdeckt sie viele vertraute Gesichter.

Es ist ein außergewöhnlicher Gottesdienst. Die Auferstehungsbotschaft dringt wirklich zu den Menschen im Saal durch. Alles läuft normal ab, wenn man einmal von fünf Besuchern absieht, die den Gottesdienst nach fünf Minuten verlassen haben. Niemand ahnt, dass schon wenige Tage später das Leben aller Anwesenden erschüttert wird.

Susanne schreibt in ihr Tagebuch: „Ich sende euch wie Lämmer unter Wölfe …' Danke, HERR, für die Andacht. Ich möchte lernen, immer mehr auf das Ziel zu sehen, und mich von nichts abhalten lassen.

Tja, nicht allein aber das, ‚sondern wir rühmen uns auch in den Trübsalen …' Wie sagte Jeremia noch so schön: ‚Sie werden gegen dich kämpfen, dich aber nicht überwältigen, denn ich bin mit dir, spricht der Herr, um dich zu erretten.'

Ja, HERR, rette uns von der Bösartigkeit der Leute und zeig uns die, die dich kennenlernen wollen."

„Wir erwarteten nicht, dass etwas passieren würde"

Susanne und Tilmann bleiben gewöhnlich nicht bis in den späten Abend auf. Tilmann steht morgens für seine persönliche Andacht sehr früh auf, und abends geht er schon bald, nachdem die Kinder den Weg ins Bett gefunden haben, schlafen. Nur selten bleibt er noch für einen spannenden Film auf. „Wir haben nicht viele Filme angeschaut, waren auch nicht oft im Kino – selbst in Deutschland nicht", erinnert sich Susanne. „Lieber sind wir zu Hause geblieben und haben etwas gelesen oder haben uns zusammen entspannt."

Eines Abends kurz nach Ostern 2007 allerdings steht Tilmann nachts auf. Ein Film hat sein Interesse geweckt. Es ist ein Porträt des römischen Kaisers Nero, der das Römische Reich in den Jahren 54–68 n. Chr. beherrschte. Nero war ein brutaler Mensch, der in einer instabilen Familie aufgewachsen war. Er kam bereits mit sechzehn Jahren auf den Kaiserthron. Zehn Jahre später ereignete sich unter seiner Herrschaft eine verheerende Katastrophe – der Brand von Rom im Jahr 64. Nero weilte in der Küstenstadt Antium, als der Brand im Circus Maximus ausbrach. Das Feuer breitete sich rasch aus und wütete neun Tage lang in Rom.

Als Nero zurückkehrte, befahl er sofort den Wiederaufbau der Stadt. Das war die Quelle des Verdachts, der Kaiser habe das Feuer selbst legen lassen, um Platz für eine neue Stadt zu seinem Ruhm zu schaffen.

Jetzt brauchte Nero einen Sündenbock, und wem schob er die

Schuld an dem Großbrand zu? Den Christen. Er ließ sie erbarmungslos verfolgen. Die Verfolgung nahm grausame Formen an; so ließ er einige Christen von Hunden zerfleischen, während andere als brennende Fackeln bei Neros Festen die Gärten erleuchteten.

Tilmann diskutiert mit Susanne über den Film. „Wir sprachen über Verfolgung heutzutage. Wir konnten uns nur schwer vorstellen, dass Menschen heute abgeschlachtet oder verbrannt werden wie zu Neros Zeiten. Wir wussten natürlich, dass so etwas tragischerweise doch in vielen Teilen der Welt geschieht, aber wir konnten uns einfach nicht vorstellen, dass uns so etwas passieren könnte."

Ein christlicher Märtyrer ist jemand, der wegen seines Glaubens oder seiner Überzeugung getötet wird. Normalerweise geht es für Christen um andere Formen der Selbstverleugnung. In den „Andachten für Jesus Freaks" heißt es: „Vielleicht sind wir nicht dazu berufen, unser Leben zu opfern – wohl aber unseren Lebensstil. Wir müssen die selbstsüchtigen Gewohnheiten absterben lassen und nach einem anderen Rhythmus leben. Dann kann die Welt Jesus erkennen."[2] Auch für Susanne und Tilmann erfordert es Mut, kühn und leidenschaftlich für Jesus einzutreten, aber in ihrem tiefsten Innern wissen sie, dass Jesus diesen Einsatz wert ist.

Susanne erinnert sich noch genau an diesen Abend nach dem Nero-Film: „Dave Goodman, ein Missionar, der vor fünfundzwanzig Jahren in der Türkei gearbeitet hatte, wurde in Adana erschossen, wo wir zuerst gelebt hatten. Aber das war das Unmittelbarste an Verfolgung, was wir kannten. Wir waren nicht so naiv zu glauben, dass so etwas nicht mehr möglich war oder dass wir niemals Verfolgung erleben könnten. Aber es schien einfach weit weg. Tilmann erwartete nicht unmittelbar, dass etwas passieren würde, aber er sagte, wir sollten uns dennoch für den Fall des Falles vorbereiten."

Susanne schreibt: „Danke, HERR, dass Du einen Plan hast, auch wenn ich da manchmal nicht mitkomme. Aber Du hast uns ja keinen Spaziergang verheißen, sondern einen steilen, schmalen und holperigen Weg.

Lass mir das Ziel vor Augen bleiben, zu dem Du mich berufen hast …

,… bin ich versucht, auf mich zu schauen
und nicht mehr auf das Ziel zu sehn,
hilf mir aufs Neue im Vertrauen,
in Deinem Sieg voranzugehn.'

Ach HERR, ich fühle mich so schwach, hilf mir, Deinen Weg zu gehen."

Ein Treffen mit „Suchenden"

Tilmanns Tag fängt wie üblich an. Um 5.35 Uhr piept seine digitale Armbanduhr und weckt ihn. Um 5.45 Uhr beginnt er nach seiner Gewohnheit seine morgendliche Gebetszeit. Seit er Christ geworden war, hat Tilmann praktisch jeden Tag so begonnen. Das Gebet und die Lektüre der Bibel sind in seinen Augen wesentlicher Bestandteil des Alltags nicht nur eines hauptamtlichen kirchlichen Mitarbeiters, sondern jedes Christen.

„Er hielt sich sehr streng daran", erzählt Susanne. „Egal, wo wir waren, selbst im Urlaub, er stand frühmorgens auf und las erst mal in seiner Bibel. Wenn er nicht die Chance dazu hatte, dann hat er sich eben direkt nach dem Frühstück zurückgezogen. In all den Jahren hat er es höchstens an ein oder zwei Tagen versäumt, morgens in der Bibel zu lesen und zu beten. Er war für mich darin ein Vorbild und eine ständige Herausforderung – wenn ich nur auch diese Disziplin hätte."

Nach einer Stunde Gebet und Bibelstudium bereitet er das Frühstück für die Familie vor. Susanne ist keine Frühaufsteherin, das ist ihm schon bald nach der Hochzeit klar geworden. Gütig und bescheiden, wie er ist, weckt er Susanne jeden Morgen mit einem sanften Kuss und sagt ihr, dass das Frühstück fertig ist.

Tilmanns Buchhalter aus Adana ist gekommen, um die Firma nach einem Jahr der Stilllegung endgültig zu schließen. Sie ist wegen der nicht erhaltenen Arbeitserlaubnis im Februar 2006 stillgelegt worden. So hat die Familie zum Frühstück einen Gast am Tisch. Um 7.30 Uhr muss Michal zum Bus, der sie zur Schule bringt. Etwa eine halbe Stunde später verlassen auch Lukas und Miriam das Haus.

In Gegenwart von Edwin, dem Buchhalter, verzichten Susanne und Tilmann auf ihren üblichen Abschiedskuss, um Edwin nicht in Verlegenheit zu bringen.

„Mein Handy klingelte etwa um Viertel nach zehn", erinnert sich Susanne. „Tilmann war dran. Er brauchte viel Geld, um die Kosten der Schließung zu bezahlen, und bat mich, es ihm ins Büro zu bringen, weil er bereits am Kreditlimit war und nichts abheben konnte. Ich hatte den nötigen Betrag zu Hause und machte mich auf den Weg in die Bäckerei nahe dem Büro. Dort wollten wir uns treffen. Er wartete schon auf mich, und ich gab ihm das Geld. Ich war nicht gerade glücklich, dass wir schon wieder Geld für andere vorstreckten (ein Mitinhaber der Firma war nicht da und Tillmann streckte das Geld für ihn vor), wo wir doch selbst kaum genug hatten, um über die Runden zu kommen. Aber ich vertraute seinem Urteil. Und ich wollte mich noch am selben Abend für meinen ruppigen Tonfall am Telefon entschuldigen. Ich hatte gesagt, dass er soo viel Geld von uns nehmen wollte, während wir selber nichts mehr hatten."

Tilmann sagt seiner Frau Lebewohl und eilt die Treppe hinauf in den dritten Stock, wo er sein Büro hat. Als er etwas außer Atem oben ankommt, gibt er dem Buchhalter das Geld. Er zieht seine Strickjacke aus und hängt sie sorgfältig über den Lehnstuhl, neben dem sein Schirm steht. Er will mit der Übersetzung der Studienbibel vorankommen, an der er gesessen hat, und nimmt den Faden dort wieder auf, wo er die Arbeit kurz vorher unterbrochen hat. Seine Tür steht offen. Seine Kollegen Necati Aydin und Ugur Yüksel bereiten sich im Raum nebenan auf die Begegnung mit fünf augenscheinlich interessierten Muslimen vor. Die drei Männer arbeiten bereits eine ganze Weile zusammen. Sie sind Kollegen und Freunde.

Necati und Ugur haben sich schon mit den unterschiedlichsten Leuten getroffen, mit neu Bekehrten ebenso wie mit Suchenden, um sie mit der Bibel vertraut zu machen. Nicht ganz ungefährlich, aber obwohl sie das Risiko kennen, dem sie sich selbst und auch ihre Familien aussetzen, lassen sie es sich nicht nehmen, den Menschen von Jesus zu erzählen.

Seit Dezember haben sich die beiden regelmäßig mit zwei jungen Männern getroffen, die etwas Interesse gezeigt haben. Necati hat seiner Frau Shemsa erzählt, dass er bei einigen der „Suchenden" ein ungutes Gefühl hat. „Ich bin mir nicht sicher, was sie wirklich wollen", hat er ihr gesagt. Shemsa, eher optimistisch

83

veranlagt, hat ihm geraten, sich nicht zu viele Gedanken zu machen. Natürlich sorgt sie sich um seine Sicherheit, sie weiß, dass ihre Arbeit riskant ist. Aber ohne Gottvertrauen geht es nicht. „Gib ihnen eine Bibel", rät sie Necati, „und bete darum, dass sie sich ändern."

„Sagen Sie mir, was Sie wissen!"

Es ist kurz nach 14.00 Uhr, als Susannes Handy klingelt. Shemsa ist dran. Sie ist außer Atem, ihre Stimme klingt hysterisch und zittert. Sie kämpft offensichtlich mit den Tränen.

„Susanne, es muss etwas passiert sein", sagt sie rasch. Sie erklärt, dass sie einen unerwarteten Anruf von einem befreundeten Gläubigen aus Izmir (dem früheren Smyrna) an der Westküste der Türkei bekommen hat, aus Hunderten von Kilometern Entfernung. Der Anruf war ganz ähnlich dem, den Shemsa nun selbst tätigt – eine bange Frage, was in Malatya vor sich geht, weil Gerüchte die Runde machen, dass etwas vorgefallen sei.

Susanne denkt fast augenblicklich an das Schlimmste. Es kommt ihr wieder in den Sinn, dass sie zur Mittagszeit versucht hat, Tilmann auf dem Handy zu erreichen, aber ohne Erfolg – und das ist ungewöhnlich.

„Der Anruf ist direkt zur Voicemail durchgegangen, und das war sonst nie so. Tilmann hat sein Handy nie ausgeschaltet. Das war alarmierend. Zu dem Zeitpunkt habe ich gedacht, dass vielleicht der Akku leer sei, und ich wollte ihn am Abend danach fragen, warum das Handy aus war – das war so untypisch für ihn. Und das hat mich unruhig gemacht."

Auch Shemsa hat vergeblich versucht, ihren Mann telefonisch zu erreichen. Je öfter sie es versuchen, umso besorgter und unruhiger werden sie.

Susanne alarmiert Emma, eine gute Freundin, die in der Nähe wohnt, und alle drei versuchen nun durch Anrufe bei Freunden und Kollegen Näheres in Erfahrung zu bringen.

Da klingelt es bei Susanne an der Tür. Es ist eine Nachbarin aus demselben Wohnblock. Sie fragt, ob Susanne vom Tod eines Kanadiers in der Stadt gehört habe, ganz in der Nähe von Tilmanns Arbeitsplatz. Da Susanne selbst Ausländerin ist, hat sich die Nachbarin gedacht, sie wird die betroffene Person vielleicht kennen. Susanne weiß freilich nichts von Kanadiern, die in Malatya arbeiten, und so fragt sie die Nachbarin nach Einzelheiten. Es klingt so, als habe sich der Vorfall tatsächlich in dem Bürogebäude ereignet, in dem Tilmann arbeitet. Sie selbst ist nur selten dort gewesen. Unglücklicherweise sind die Nachrichten im türkischen Fernsehen so unzuverlässig, dass es keinen Sinn hat, sie zu verfolgen. Susanne ist skeptisch, auch weil sie weiß, dass keine Kanadier dort arbeiten – nur zwei US-Amerikaner.

Die Nachbarin bietet ihr jede erdenkliche Hilfe an und verspricht wiederzukommen, sobald sie mehr weiß.

„Das Telefon klingelte jetzt ununterbrochen. Alle versuchten etwas Konkretes in Erfahrung zu bringen. Ich wählte immer wieder Tilmanns Nummer, aber ich kam immer noch nicht durch. Das war schrecklich. Die Kinder würden bald von der Schule heimkommen, und ich war noch nicht weiter mit meinen Nachforschungen. Ich war so aufgeregt."

Susannes Optimismus schwindet zusehends. Sie erinnert sich

an das Angebot der Nachbarin und ruft sie an. Die Nachbarin erklärt sich bereit, Lukas und Miriam von der Schule abzuholen. Die zwölfjährige Michal wird später selbst mit dem Bus nach Hause kommen, wie immer.

Die Stunden vergehen, aber die Berichte werden kaum konkreter. Klar ist inzwischen nur, dass im Agbaba-Bürohaus etwas Ernstes vorgefallen ist. Susanne ruft bei der Polizei an, in der Hoffnung, dass sie dort eine klare Auskunft bekommt. Aber die Polizisten sind genauso wenig orientiert wie jeder andere.

Immerhin lassen sie durchblicken, dass ein paar Männer ins Krankenhaus eingeliefert worden sind. Natürlich will Susanne nähere Einzelheiten wissen. Sie bekommt nichts heraus – außer dass ein Türke namens Emre und ein Ausländer, der ein Kreuz trug, ins Krankenhaus gebracht worden sind.

„Tilmann trug kein Kreuz. Er war nicht der Typ, der sich so etwas um den Hals gehängt hätte. Ich habe nachgebohrt, wollte die Nationalität des Ausländers wissen, aber wie immer konnte die Polizei nichts bestätigen. Das einzige Indiz dafür, dass der Betreffende nicht türkischer Nationalität war, war das Kreuz, das er am Hals trug – in den Augen der Polizisten würde ein Türke so etwas niemals tun."

Schwerlich kann man das als harte Fakten bezeichnen, aber die Polizei macht sich ihren Reim darauf. Schon bald werden Susanne und ihre Freunde herausfinden, dass es sich nicht um einen Ausländer, sondern um Ugur handeln muss – ihren Kollegen.

Da Susanne immer noch keine Ahnung hat, wo Tilmann ist und wie es ihm geht, und ihn nicht erreichen kann, ruft sie der Reihe nach das staatliche Krankenhaus und die Uniklinik an, in der Hoffnung, etwas Neues zu erfahren. Wenn sie auflegt, klingelt das Telefon sofort wieder. Freunde und Kollegen melden sich, alle mit demselben Anliegen – sie wollen Näheres erfahren. Dann klingelt das Telefon erneut.

„Es hat mich getroffen, diese Nachricht zu hören", sagt die Anruferin. Susanne denkt, dass sich das auf die verworrene Situation bezieht, und bedankt sich. Aber dann wiederholt die Anruferin ihre Mitleidsbekundung, und Susanne erstarrt. „Es hat mich wirklich getroffen, diese Todesnachricht zu hören." Sie schreit auf und hängt das Telefon ein. Was ist da los? Sie rast mit Emma, Lukas und Miriam hinunter zum nächstgelegenen staatlichen Hospital. An der Rezeption werden sie von einer Gruppe Polizisten begrüßt, die dort herumstehen.

Die Polizei ist wie immer sparsam und zögerlich mit der Herausgabe von Informationen. Zum Glück hat sie die jüngeren Kinder bei sich. Michal ist in der weiterführenden Schule und ahnt noch nichts von den schrecklichen Dingen, die sich abgespielt haben.

Die Polizei weiß eindeutig mehr, als sie preisgibt. Auch auf der Polizeistation im Krankenhaus klingeln pausenlos die Telefone. Es gibt stets einen kurzen Wortwechsel, ein paar Notizen, und dann hastet wieder jemand davon. Was verschweigen sie ihnen?

Susanne sitzt mit ihren Kindern im Warteraum der Polizeistation des Krankenhauses. Lukas und Miriam werden unruhig. „Mama", sagt Lukas. „Was ist los? Was haben sie mit Papa gemacht? Wann können wir ihn sehen?"

„Ich weiß nicht, Lukas. Ich weiß es wirklich nicht", sagt sie so sanft, wie sie kann, streicht ihm übers Gesicht und versucht dabei die Tränen zurückzuhalten. Susanne will um ihrer Kinder willen stark sein, obwohl sie sich genauso unsäglich nach Tilmann sehnt wie ihre Kinder. „Bete darum, dass dein Papa nur verletzt worden ist", sagt sie.

Die drei sitzen im Warteraum, benommen von der Atmosphäre und der Ungewissheit. Miriam lässt ihre Beine unter dem Stuhl baumeln, vor und zurück. Lukas ist lethargischer, er spielt mit dem Reißverschluss an seiner Jacke. Er mag nicht, was hier passiert. Sie halten sie in der Polizeistation fest wie Gefangene. Zwei blasse Leuchtstoffröhren erhellen den Raum nur schwach, Spinnweben und Staub dämpfen das Licht zusätzlich. Ein tiefes brummendes Geräusch kommt von irgendwoher und irritiert alle.

Das Mobiltelefon des Polizisten, der ihnen am nächsten sitzt, läutet. Ein weiterer kurzer Wortwechsel. Dann beendet er das Gespräch, steht abrupt von seinem Stuhl auf und schließt die Tür zum Warteraum. Susanne kann ihn durch das Fenster zum Foyer hin beobachten, er spricht ruhig mit den anderen Beamten. Etwas läuft verkehrt, das weiß sie. Die Polizei enthält ihr Informationen vor, aber sie wird nicht tatenlos herumsitzen. Sie steht in plötzlicher Rage auf, geht hinaus ins Foyer, schließt geräuschvoll die Tür hinter sich.

Der Polizist schaut betreten zu ihr hin. Auf eine Konfrontation ist er offensichtlich nicht gefasst.

Die zierliche Susanne packt den leitenden Beamten an der Jacke. „Sagen Sie mir, was Sie wissen!", befiehlt sie. „Sagen Sie mir, ob mein Mann noch lebt oder nicht!" Sie blickt ihm direkt ins Gesicht. „Ist er tot?"

Die Antwort bricht ihr das Herz.

„Ja", sagt der Beamte. Es ist der 18. April 2007.

„Dein Papa ist tot"

Auf eine so schmerzliche Auskunft kann man sich nicht vorbereiten. Im Bruchteil einer Sekunde ist Susannes Welt zusammengebrochen.

Ihr Griff an der Jacke des Beamten lockert sich. Ihr Körper fühlt sich taub an, ihr Verstand wie eingefroren. Sie tritt zurück, ihre Hand sucht nach dem staubigen Türgriff hinter ihr. Lukas, der ältere der beiden Kinder, spürt, dass etwas vorgefallen sein muss, denn das Gesicht seiner Mutter ist leichenblass.

Susanne lässt sich im Warteraum auf das alte Sofa sinken, die Kinder neben sich. Sie zieht sie an sich, wie eine Henne ihre Küken um sich schart. Aneinander geschmiegt, schweigen sie. Wie bringt eine Mutter ihren Kindern bei, dass der Vater gestorben ist? Wie erklärt sie ihnen, dass ihm das Leben genommen wurde, offenbar vor der Zeit? Wie sollen sich Kinder verhalten, wenn sie erleben müssen, wie ihre Mutter mit den Tränen kämpft? Sie wissen es nicht.

Die Polizisten sagen Susanne, dass sie sie augenblicklich mit zur Wache nehmen und ihre Familie unter Polizeischutz stellen müssen, solange die Untersuchungen andauern.

Michal ist immer noch nicht bei ihnen. Sie hat keinen Schimmer von dem, was vorgefallen ist. Kurz nach 17.00 Uhr springt sie aus dem Bus und geht die paar Schritte durch die staubige Straße nach Hause.

Als sie ihre Schuhe auszieht, um in die Wohnung einzutreten, empfängt sie eine ganze Schar von Freunden und Mitarbeitern der Eltern. Normalerweise ist das Haus mit Leben und Trubel erfüllt, aber das hier ist nicht normal; sofort weiß sie, dass etwas passiert sein muss. Ihre Mutter ist immer noch nicht zu Hause, muss auf der Polizeistation irgendwelche Formulare ausfüllen. Obwohl das Haus voller Menschen ist, fühlt sich Michal allein und verwaist.

Lukas und Miriam sind schon etwas eher von Freunden der Familie nach Hause gebracht worden. Der Anblick ihrer Schwester ist zu viel für Miriam. Bedrückt und verstört rennt sie in ihr Zimmer und schlägt die Tür hinter sich zu. Michal drängt Lukas: „Was ist los?" Er weigert sich, es ihr zu sagen, und besteht darauf, dass ihre Mutter es ihr erzählt. Seine Unterlippe zittert. Auch er flüchtet sich in sein Zimmer.

Auf der Polizeistation durchleidet Susanne inzwischen in quälender Langsamkeit die erforderlichen amtlichen Formalitäten. Je mehr Zeit verstreicht, umso größer wird ihre Furcht, dass Michal die Nachricht von einem Nachbarn oder aus dem Fernsehen erfahren könnte. Sie versucht, den Polizisten Beine zu machen, aber die haben keine Eile. Das Einzige, was sie tun kann, ist, ihre Tochter anzurufen. Der Tag hat sich bereits in einen Albtraum verwandelt. Und nun muss sie ihrer ältesten Tochter auch noch am Telefon beibringen, dass ihr Vater ermordet worden ist.

So viel Gesellschaft – und doch so allein

Susanne ist wie in Trance und kann das auch nicht verbergen. Nach türkischer Sitte hat sich das Haus mit Gästen gefüllt, die Beistand leisten wollen. Es erinnert ein wenig an das überfüllte Trauerhaus, das Jesus im fünften Kapitel des Lukasevangeliums besucht. Bei einem Todesfall in der Familie beweist sich die orientalische Gastfreundschaft besonders; drei Tage lang werden sowohl für die Familie als auch für Besucher Mahlzeiten bereitgestellt.

Auch die unter den Nachbarn, die in den Jahren zuvor abweisend gewesen sind, bieten nun jede erdenkliche Hilfe an. Sie sind bereit, die Bestattung mit vorzubereiten und sich um die Kinder zu kümmern. Susanne ist froh, sie zu sehen, aber sie hat keine Ahnung, was die nächsten Tage bringen werden. Ihre Adoptiveltern sind noch nie in Malatya gewesen und werden Zeit brauchen, sich einzugewöhnen, außerdem werden sie ständig einen Übersetzer benötigen. Es gelingt ihr, die Eltern zu überzeugen, dass sie im Moment noch nicht kommen sollen. Vielleicht einige Zeit später …

Die Wohnung der Geskes hat sich von einem Hafen der Ruhe in einen Durchgangsbahnhof für alle möglichen Leute verwandelt, die alle ihre Rolle spielen. Einige unterhalten die Kinder oder helfen bei den nötigen Behördengängen und dem Papierkram, der kompliziert und verwirrend ist. Andere kümmern sich um das Essen für die Familie und die vielen Gäste. Und doch wird in all dem Getriebe einer schmerzlich vermisst.

Susanne sitzt mit untergeschlagenen Beinen auf dem Sofa in der Ecke des Wohnzimmers. Fast unablässig wird ihr türkischer

Tee nachgeschenkt. Wenn sie den Tee aus einem jener schmalen Gläser schlürft, die auf einem metallenen Tablett gereicht werden, dann rinnen ihr dabei Tränen über die Wangen. Der Enthusiasmus, den ihr Gesicht sonst zeigt, ist verschwunden und hat einer leblosen Blässe Platz gemacht. Regungs- und sprachlos starrt Susanne in den Raum.

Eine sanfte Hand berührt ihren Arm und weckt sie aus ihrer Erstarrung.

„Hast du dir schon Gedanken darüber gemacht, wo Tilmann begraben werden soll?", fragt die besorgte Freundin.

Susanne wischt sich die Tränen ab. Sie sagt ihrer Freundin, dass sie noch nicht sicher sei, was sie tun soll. Sie weiß nur, dass sie eine Erdbestattung will, keine Feuerbestattung.

Ein kurzer Familienrat wird einberufen. In deutscher Sprache und diesmal nur mit vier, nicht fünf Teilnehmern. Susanne sagt sich, dass das nicht allein ihre Entscheidung sein darf. Auch wenn ihre Kinder noch klein sind, keine Erfahrung mit solchen Sachen haben und unter Schock stehen – Tilmann war ihr Vater. Sie haben das Recht, bei so bedeutenden Entscheidungen mitzureden.

Viele schwergewichtige Aspekte hinsichtlich der türkischen Kultur und der Zukunft der Familie gilt es zu bedenken. Und doch fällt die Entscheidung innerhalb weniger Sekunden. „Papa ist hier in Malatya für Jesus gestorben, und wir sind hierher gekommen, um eine Gemeinde zu gründen. Also wollen wir hier bleiben und eine Gemeinde gründen." Die Kinder sind sich sicher, was sie wollen – und Susanne stimmt zu. Es gibt nichts weiter zu debattieren.

Tilmann soll deshalb in der Türkei beerdigt werden. Die nächste Frage ist, wie und wo seine Beerdigung in Malatya vonstatten gehen kann. Es wird nicht unbedingt einfach werden.

Wohin nun?

Auch nachdem die Grundentscheidung getroffen ist, weiß Susanne nur zu gut, welche Schwierigkeiten ihr neuer Status mit sich bringen wird. Alleinstehende Frauen, selbst verwitwete Mütter, genießen in der Türkei kein großes Ansehen. Wie in vielen Ländern ist der soziale Status von Frauen ohne Ehemann wackelig. In vielen Fällen droht ihnen der soziale Abstieg, zumal wenn sie schon einen Sohn geboren haben. Der Sohn ist natürlich viel jünger als seine Mutter, und doch genießt er von Geburt an höheres Ansehen, allein schon weil er männlich ist. Aber Susanne spürt, dass es in ihrem Fall etwas anders steht. Als Ausländerin wird sie in einem anderen Licht betrachtet. Das war auch schon so, als Tilmann noch am Leben war. Nun, nach seinem Tod, zeigt es sich, dass die Türken sich auch mit der Idee anfreunden können, dass eine Ausländerin mit ihren drei Kindern alleine lebt.

Am Mittwochabend erhält Susanne einen Anruf. Am anderen Ende der Leitung ist eine Frau, die sich als eine von Tilmanns ehemaligen Schülerinnen zu erkennen gibt. Sie hat von seiner Ermordung gehört und will helfen.

„Nuray leitete eine Menschenrechtsorganisation in Malatya. Sie sagte, dass sie mir helfen wollte. Am nächsten Tag rief sie wieder an, und ich sagte ihr, dass ich meinen Mann auf einem armenischen Friedhof beerdigen wollte, dem einzigen christlichen Friedhof in der Gegend. ‚Kein Problem‘, sagte sie mir und versprach, sich darum zu kümmern. Wir wussten, dass ein kleines Wunder nötig war, damit wir die Erlaubnis bekamen, Tilmann dort zu beerdigen. An diesem Nachmittag, am Donnerstag, kamen wir mit Freunden von uns in einem Hotelzimmer vor der Stadt zu einer Zeit des Gebets zusammen. Es war eine außergewöhnliche Runde, mit Pastoren und anderen aus der ganzen Türkei. Das Gefühl des Einsseins und der Hingabe war mit Händen zu greifen."

Nach dem Gebet treffen ein paar Leute von der Menschenrechtsorganisation am Hotel ein und verfassen ein förmliches Schreiben an die Leitung der Armenischen Kirche, in dem Susannes Bitte dargelegt wird, ihren Mann auf Kirchengrund zu bestatten. „Ich musste nur meinen Namen und mein Geburtsdatum eintragen und unterschreiben. Alles andere haben sie erledigt."

Susanne wagt nicht darüber nachzudenken, was sie tun soll, falls die Armenische Kirche ihr Gesuch ablehnt. Sie hat keine andere Idee.

„Ein anderer Ort als dieser wäre nicht in Frage gekommen, denn alles andere sind islamische Friedhöfe. Ich war so glücklich, dass es überhaupt eine christliche Alternative zur traditionellen türkischen Bestattung gab. Auf die hätte ich mich nämlich nicht eingelassen. In dem Fall hätte ich den Leichnam nach Deutschland überführen lassen."

Ihr Entschluss, Tilmann auf einem christlichen Friedhof in der Türkei bestatten zu lassen, findet nicht nur Beifall. Die Türken haben Mühe, die Entscheidung zu verstehen. Ihre türkischen Landsleute verstehen ihre Berufung in die Türkei nicht und folglich auch nicht ihren Wunsch, Tilmann in Malatya zu begraben. Selbst der leitende Ermittler der Deutschen Botschaft versucht Susanne nach Kräften zu überreden, dass sie Tilmann nach Deutschland bringen und dort beerdigen lässt. Aber sie will nichts davon hören. Ihr Entschluss steht fest. Hindernisse werden ausgeräumt, und obwohl Pessimisten orakeln, es sei unmöglich („Seit zehn Jahren ist dort niemand mehr begraben worden"), lässt sie sich nicht abschrecken.

Ihre Hartnäckigkeit zahlt sich schließlich aus. Die Armenische Kirche stellt ihr einen Erlaubnisschein aus – sie bekommt ihren Wunsch erfüllt. Die physische Arbeit, das Ausheben des Grabes, wird sie mit ihren Helfern selbst verrichten müssen. Auf ihre islamischen Freunde kann sie bei der Vorbereitung einer christlichen Begräbnisstätte nicht zählen.

Sie tun ihr Bestes, aber der Boden ist trocken und hart. Dicke Felsbrocken durchziehen das Stück Erde, das der Familie zugewiesen worden ist. Sie werden zumindest mit Muskelkraft nicht tief genug kommen. Der felsige Boden auf diesem armenischen Friedhof erinnert sie an das Gleichnis vom Sämann in Matthäus 13: „So oft jemand das Wort vom Reich hört und nicht versteht, kommt der Böse und reißt weg, was in sein Herz gesät war." Im selben Zusammenhang heißt es, dass das Evangelium, wenn es auf felsigen Boden fällt, keine Wurzel bilden kann und deshalb verdorrt. Tilmanns Mörder haben fraglos das Evangelium von den christlichen Mitarbeitern gehört, aber es war bei ihnen offensichtlich auf harten Boden gefallen.

Susanne und ihre Helfer brauchen besseres Gerät, um das Grab auszuheben, und Gott sorgt dafür. Und nur Gott kann Herzen aus Stein aufbrechen und das scheinbar Unmögliche bewerkstelligen. Die Geskes wussten nur zu gut, dass ihre Arbeit in der Türkei vergeblich sein würde ohne die Hilfe ihres Herrn.

Nun gibt es nur noch ein Problem. Wann wird Tilmanns Leichnam zur Bestattung freigegeben? Endlose Untersuchungen und eine Autopsie sind durchgeführt worden. Wie die meisten Dinge, so geschieht auch das hier im Orient in einem anderen Tempo als in Europa.

Gerüchte und Lügen

Pressevertreter aus aller Welt sind vor der Wohnung der Geskes aufgelaufen. Alle spekulieren sie auf neue Informationen und Fotos – oder am besten eine exklusive Geschichte. Tilmanns Tod liegt jetzt einen Tag zurück, aber immer noch kursieren wilde Gerüchte über die Bluttat und die Umstände, unter denen sie geschehen ist. Leider kommt es vielen weniger auf Genauigkeit an als auf die Geschwindigkeit, mit der sie solche „Neuigkeiten" weiterverbreiten können. Auch christliche Gruppen und Organisationen saugen die Gerüchte teilweise unkritisch auf. Die türkischen Christen, verständlicherweise zutiefst entsetzt und besorgt, haben eilig Berichte und Gebetsbriefe verfasst und in alle Welt verschickt.

Viele, die anfangs den ins Kraut schießenden Spekulationen über entsetzliche Entstellungen und die angebliche Kastration der drei Opfer geglaubt haben, werden das später bereuen. Aber niemand kann ihnen einen Vorwurf dafür machen, dass sie solche Darstellungen für wahr gehalten haben. Inzwischen ist klar, dass solche Gräuelgeschichten teils der Medienhysterie und teils islamistischer Propaganda zuzuschreiben waren. Radikale, gewaltbereite Muslime haben das Verbrechen bejubelt und alles darangesetzt, es als gerechtfertigt und heroisch darzustellen. Je grausamer die Bluttat erschien, umso mehr Applaus erhofften sie sich.

Nachdem sich nun herausschält, dass die Morde jedenfalls nicht so abscheulich ausgeführt worden sind, wie man anfangs vermuten musste, droht ein gegenteiliger Effekt: Womöglich wird die Öffentlichkeit rasch zur Tagesordnung übergehen und die Morde nicht mehr so ernst nehmen, wie sie tatsächlich waren.

Susanne ist sich der teilweise fragwürdigen Methoden der Presse und ihrer Neigung zu Übertreibungen bewusst, und so versucht sie sich nach Möglichkeit vor Journalisten abzuschotten. Sie kann nicht klar denken und fühlt sich unfähig, ausführliche Auskünfte zu geben. Es soll ihr nichts Missverständliches herausrutschen, was sie hinterher bedauern würde, deshalb schweigt sie. Jedenfalls so lange, bis ihre Weggefährten aus der Gemeinde, die sich bis dahin ebenfalls zurückgehalten haben, darin eine Möglichkeit erkennen, über den Glauben an Jesus zu sprechen. Sie wird zwar nicht eine Stunde lang vor laufenden Kameras predigen können, denn darauf sind Nachrichtenleute nun wirklich nicht aus. Aber vielleicht kann sie ja überhaupt etwas sagen. Da die Presseanfragen an der Tür nicht aufhören, kommt Susanne mehr und mehr zu der Überzeugung, dass sie das vielleicht wirklich als geistliche Gelegenheit begreifen sollte.

Ein Polizist bewacht die Tür; Freunde kümmern sich um die Alltagsdinge, während Susanne versucht, ein paar Gedanken zu Papier zu bringen. Die Worte fließen ihr nicht leicht aus der Feder. Im Herzen weiß sie genau, was sie sagen will, aber ihr Verstand funktioniert nicht wie gewohnt, denn sie steht immer noch unter Schock. Sie müht sich, und schließlich ist das Blatt voll. Susanne überfliegt die Zeilen noch einmal, liest sie sich selbst vor, als ob die Medienvertreter bereits zuhörten. Ein komisches Gefühl steigt in ihr auf, als es ihr dämmert, was sie im Begriff ist zu tun: Sie wird zur Weltpresse sprechen. Dann schießt ihr durch den Kopf: Wird man ihr Genuschel überhaupt verstehen? Oder klingt das vielleicht so, als ob sie am Durchdrehen wäre?

Solche Gedanken machen sie doch nervös. Deshalb bittet sie

ihre Freunde aus der Gemeinde um Kritik. In der Küche versammelt, liest sie ihnen laut vor, was sie geschrieben hat. Sie ist bewegt, kann die Tränen aber unterdrücken. Ob ihr das auch gelingen wird, wenn die Kameras auf sie gerichtet sind – da ist sie nicht so sicher.

Dann drängen sich die Kameraleute hinten im Zimmer, die Zeitungs- und Zeitschriftenreporter rangeln um die Plätze weiter vorne und machen sich lang, um mit ihren Diktiergeräten möglichst nah an Susanne heranzukommen. Sie räuspert sich und beginnt leise ihre Botschaft zu verlesen. Es wird mucksmäuschenstill, außer ihr sind nur die Autos zu hören, die vor dem Haus vorbeifahren:

„Wir sind in dieses Land gekommen, um ein normales Leben zu führen, genauso wie Türken als Muslime nach Deutschland gehen. Wir wollen in der Türkei als Christen leben. Und nun erleben wir eine sehr schwere Zeit. Ich habe meinen Freund fürs Leben verloren und die Kinder ihren Vater. Aber ich weiß, dass Tilmann als Märtyrer im Namen Jesu Christi gestorben ist. Sein Blut ist nicht umsonst geflossen. Dies ist ein Neuanfang für Malatya und für die Türkei. Jesus hat am Kreuz für die Menschen um ihn gebetet: ‚Vater, vergib ihnen; denn sie wissen nicht, was sie tun.‘ Und ich möchte dasselbe tun.

Jesus hat sich an sein Versprechen gehalten. In Lukas 21 sagt er: ‚… werden sie ihre Hände an euch legen und euch verfolgen, indem sie euch an die Synagogen und Gefängnisse überliefern … um meines Namens willen … ich werde euch Mut und Weisheit geben, der alle eure Widersacher nicht werden widersprechen oder widerstehen können.‘“

„Die Türken konnten großteils nicht verstehen, wie jemand, zumal eine schwache Frau, so etwas sagen und ernst meinen kann.

In dieser Kultur gilt weithin immer noch ‚Auge um Auge‘. Deshalb konnten sie diese Aussage nicht einordnen und glaubten, dass sie das entweder nicht so gemeint hat, oder dass sie vielleicht ihren Mann nicht geliebt hat", erzählt ein Kollege von Tilmann.

Das ist eine der Schwierigkeiten mit den kulturellen Grenzen. Alle beziehen das Wort Gottes auf ihre jeweilige Kultur, aber es scheint nicht immer genau auf das zu passen, was sie bereits wissen.

In der türkischen Kultur etwa respektiert man sehr wohl das Prinzip aus dem 2. Buch Mose Kapitel 21: „Auge um Auge, Zahn um Zahn". Aber wenn Jesus in der Bergpredigt gebietet: „Widersteht nicht dem Bösen, sondern wenn jemand dich auf deine rechte Backe schlagen wird, dem biete auch die andere dar", wenn er fordert, die andere Wange auch noch hinzuhalten, dann hört das Verständnis auf.

Natürlich empfinden nicht nur Türken, dass eine böse Tat nach Genugtuung schreit. Nach den Morden äußert Miriam, Susannes achtjährige Tochter, bittere Gefühle und Vorbehalte gegenüber Türken. Manche würden sagen: zu Recht. Aber Susanne duldet das nicht. Sie will Miriam, Lukas und Michal nahebringen, dass Christen anders reagieren können.

Susanne weiß, dass Jesus selbst ungleich mehr gelitten hat. In der Bibel heißt es von ihm: „Er ist wie ein Trieb vor Gott aufgeschossen und wie ein Wurzelspross aus dürrem Erdreich. Er hatte keine Gestalt und keine Pracht. Und als wir ihn sahen, da hatte er kein Aussehen, dass wir Gefallen an ihm gefunden hätten. Er war verachtet und von den Menschen verlassen, ein Mann der Schmerzen und mit Leiden vertraut, wie einer, vor dem man das Gesicht verbirgt. Er war verachtet, und wir haben ihn nicht geachtet.

Jedoch unsere Leiden – er hat sie getragen, und unsere Schmerzen – er hat sie auf sich geladen. Wir aber, wir hielten ihn für bestraft, von Gott geschlagen und niedergebeugt. Doch er wurde durchbohrt um unserer Vergehen willen, zerschlagen um unserer Sünden willen. Die Strafe lag auf ihm zu unserm Frieden, und durch seine Striemen ist uns Heilung geworden. Wir alle irrten umher wie Schafe, wir wandten uns jeder auf seinen eigenen Weg; aber der Herr ließ ihn treffen unser aller Schuld."

Mehr noch: „Er wurde misshandelt, aber er beugte sich und tat seinen Mund nicht auf wie das Lamm, das zur Schlachtung geführt wird und wie ein Schaf, das stumm ist vor seinen Scherern … Aus Drangsal und Gericht wurde er hinweggenommen. Und wer wird über sein Geschlecht nachsinnen? Denn er wurde abgeschnitten vom Lande der Lebendigen. Wegen des Vergehens seines Volkes hat ihn Strafe getroffen. Und man gab ihm bei Gottlosen sein Grab, aber bei einem Reichen ist er gewesen in seinem Tod, weil er kein Unrecht begangen hat und kein Trug in seinem Mund gewesen ist" (Jesaja 53,2-9).

Jesus war vollkommen schuldlos. Und doch – selbst angesichts der Willkür der Justiz, angesichts des Verrats der Freunde, angesichts der Einsamkeit und der Brutalität, die er erlitten hat, wehrt er sich nicht: Wie ein Schaf, das sich nicht wehrt, wenn es geschoren wird, hat er alles widerspruchslos ertragen.

Tilmann und Susanne haben ihren Kindern von frühester Kindheit an dieses Vorbild vor Augen geführt, so wie es in vielen christlichen Familien geschieht. Und nun kommt ihr Glaube auf den Prüfstand. Sie sind gefordert, den Gedanken an Vergeltung und Rache zu widerstehen. Vor allem Susanne und ihr Verhalten werden beobachtet. Wie die türkische Gemeinschaft am Ort damit umgeht, davon hängt Susannes Zukunft dort ab.

Die Fakten

Susanne und Tilmann haben nie viel ferngesehen. Wenn der Tag bewältigt war und die Kinder im Bett lagen, dann blieb nicht viel Zeit fürs Fernsehprogramm. Eine Serie allerdings haben sie sich nicht entgehen lassen, wenn sie es einrichten konnten: „CSI: Miami", eine amerikanische Krimiserie, in der Gerichtsmediziner und Kriminaltechniker vorkommen. Jetzt, nach Tilmanns Tod, erinnert sich Susanne daran, was sie über die Arbeit der Menschen in diesen Filmen gelernt hat.

„Wir hatten vielleicht ein halbes Jahr vorher diese Serie entdeckt, und wir schauten sie wirklich gern", erinnert sich Susanne. „Wenn ich so zurückdenke, dann staune ich darüber, dass mir das geholfen hat. Ich bin regelrecht dankbar, dass wir uns damit befasst haben."

Susanne bringt es nicht übers Herz, Tilmanns Leichnam selbst offiziell zu identifizieren. Das übernehmen zu ihrer Erleichterung ein paar Freunde. Sie selbst bleibt alleine im Büro des pathologischen Instituts zurück. Ihre Augen wandern dort ziellos durch den Raum. Auf einem Tisch stehen benutzte Kaffeetassen und ein vollgekrümelter Teller. Susanne ist immer noch wie benommen, fühlt sich elend und völlig vereinsamt.

Eine der Tassen steht auf einem Papierstapel. Susanne stellt sie beiseite. Fast zuoberst liegt eine braune Akte. Die Aufschrift in großen Lettern: „Autopsiebericht". Susanne sieht sie sich genauer an. Bisher kennt niemand außer der Polizei den Bericht, und auch das hat dazu beigetragen, dass immer noch wilde Gerüchte und Theorien über die Morde im Umlauf sind.

Susanne will die Wahrheit wissen, auch um falsche Informationen korrigieren zu können. Ohne groß zu überlegen, nimmt sie die Akte zur Hand und schlägt sie auf. Vor ihr liegt der Bericht über Tilmanns Autopsie.

„Wenn ich nicht in den Monaten zuvor immer wieder CSI gesehen hätte, dann hätte ich vermutlich mit den verwendeten Begriffen nicht das Geringste anfangen können", sagt Susanne rückblickend mit einem bitteren Lächeln. Sie hätte sich das nie träumen lassen, aber offensichtlich hat es seinen Sinn, dass sie sich für diese Krimiserie interessiert hatte. Denn nun hat sie als einzige Zivilistin den Bericht über Tilmanns Todesursache vor sich.

Der Bericht bestätigt, dass Tilmann Geske gefoltert worden ist.[3] Außerdem weisen der Rumpf und die Oberschenkel zahlreiche dunkle, fast schwarze Blutergüsse auf. Die Angreifer haben brutal und unbarmherzig zugeschlagen und getreten. Anschließend sind Tilmann und seine beiden Kollegen mit Händen und Füßen an die Stühle gefesselt worden, die im Büro standen. Dem Pathologen zufolge haben die Täter erst dann, als Tilmann bereits an den Stuhl gefesselt war, auf ihn eingestochen. In den ersten Meldungen war von Hunderten von Stichwunden die Rede. In Wirklichkeit sagt der Autopsiebericht, dass Tilmann fünfzehn Stiche in die Brust und in den Unterleib erhalten hat.

Susanne versucht ihr Schluchzen zu unterdrücken. Mehrmals krampft sich ihr Magen zusammen, als sie die Seiten durchblättert. Als die Notizen dann auf die Todesursache kommen, strömen ihr die Tränen übers Gesicht.

Der Bericht bestätigt, dass Tilmanns Körper so entsetzliche Verletzungen – innerlich und äußerlich – erlitten hat, dass er schließlich am Blutverlust und an den inneren Blutungen starb. Der Tod trat ein, so wird vermutet, kurz nachdem man Tilmann die Kehle durchgeschnitten hatte.[4]

Niemand kann sich vorstellen, was in Susannes Kopf vorgeht, als sie die Akte schließt und wieder in das Durcheinander auf dem Tisch zurücklegt, in dem sie sie gefunden hat. Sie selbst hat keine klare Erinnerung daran. „Ich war wie betäubt. Ich wusste nicht, was ich denken sollte, an wen mich wenden, was tun. Zwar standen mir unsere Organisation bei, die Kollegen sowieso und auch die Nachbarn in unserem Wohnblock, aber ich fühlte mich trotzdem unvorstellbar isoliert. Mein bester Freund, Partner, Geliebter, Mann, der Vater meiner Kinder war von mir weggerissen worden."

„Unwissenheit ist ein Segen", behauptet ein englisches Sprichwort, aber Susanne würde das nicht unterschreiben. Sie ist trotz ihrer Betäubung froh, dass sie nun die Fakten kennt, nach all dem Halbwissen und Hörensagen zuvor. Nichts davon kann und nichts wird für sie den Verlust von Tilmann leichter machen, aber sie empfindet es doch als einen gewissen Trost, dass sie nun einige verlässliche Informationen über seinen Tod hat.

Susanne schreibt in ihr Tagebuch: „Nichts kann mich trennen von der Liebe Gottes, die in Jesus Christus ist!!

HERR, Du hast gesagt, dass wir unsere Leiber darstellen sollen als lebendige, heilige, Gott wohlgefällige Opfer …

HERR, Du sagst, ich soll nicht Böses mit Bösem vergelten, sondern versuchen, mit allen in Frieden zu leben.

Ich soll mich auch nicht rächen, weil Du gesagt hast: ‚Mein ist die Rache; ich will vergelten.'

Ich soll meinen Feinden zu essen und zu trinken geben und mich nicht vom Bösen überwinden lassen, sondern das Böse mit Gutem überwinden …

Hilf mir, das ist soo schwer. Ich weiß, dass ich das tun sollte, aber ohne Deine Hilfe und Deine Kraft ist das unmöglich.

Danke, dass Du IMMER da bist.
Ich liebe Dich – immer noch."

Die Beerdigung

Der Tag der Beisetzung beginnt wie jeder andere Aprilmorgen in der Türkei. Schwere Wolken hängen am Himmel, auch wenn es noch nicht zu regnen begonnen hat. Aber das ist nur eine Frage der Zeit. Schon bald fallen die ersten Tropfen. In der Wohnung machen sich Susanne und die Kinder fertig. Ein Wagen wird sie zum Friedhof bringen.

„Es war ein unwirklicher Morgen. Ich fühlte mich unsicher. Wir waren ja noch nie zuvor in so einer Situation gewesen."

Die größte Herausforderung für die Familie besteht darin, einerseits zu trauern, andererseits sich dankbar und froh Tilmanns Leben in Erinnerung zu rufen. Sie vermissen ihn doch jetzt schon so sehr. Sie wissen, dass nichts ihn wieder zurückbringen wird. In ihren Herzen werden sie den Verlust täglich spüren, immer wieder werden sie ihn herbeisehnen – um mit ihm zu sprechen, ihn zu berühren, zu umarmen und von ihm umarmt zu werden. Ganz natürliche Empfindungen. Aber zugleich wollen sie an diesem Tag Gott die Ehre geben inmitten der Trauer. Susanne und die Kinder wissen, dass Tilmanns Tod kein Unfall war. Gott hat keinen Fehler gemacht. Er ist nicht unachtsam gewesen. Er hat immer noch die Regie, er regiert. Das soll nach Susannes Willen unbedingt deutlich werden.

Zuspruch aus der Bibel, das weiß sie, wird ihren Verstand und ihr Herz zur Ruhe bringen. Ein Vers aus Jesaja 61 fällt ihr ein: „Denn ich, der Herr, liebe das Recht, ich hasse den Raub mitsamt dem Unrecht. Und ich werde ihnen ihren Lohn in Treue geben." Susanne weiß, dass Gott auf ihrer Seite ist. Er hasst Raub, und Tilmann ist zweifellos das Leben geraubt worden. Ganz gleich, was in der Vergangenheit geschehen ist und was die Zukunft an Ungewissheit birgt – wenn Gott für Susanne und ihre Familie ist, wer kann ihnen dann schaden?

Tilmanns Beerdigung wird ihnen erlauben, ihren tiefen Kummer auszudrücken. Zugleich soll die Beisetzung aber auch eine Gelegenheit sein, Gott die Ehre zu geben und ihn zu loben. Susannes Geliebter, ihr Mann, ist von ihr genommen worden, aber Gott wird sie nie verlassen.

Um fast alle Vorbereitungen für die Beerdigung hat sich eine Firma in Antalya gekümmert. Das Bestattungsinstitut ist schon oft für die Deutsche Botschaft tätig geworden, wenn deutsche Staatsbürger in der Türkei verstorben sind. Es hat einen guten Ruf, und so ist Susanne mehr als froh, dass sie die Verantwortung aus der Hand geben kann. Wie die Firma an ihre Telefonnummer gekommen ist, das ist ihr freilich ein Rätsel. Sie hat von sich aus jedenfalls keinen Kontakt aufgenommen.

„Sie kamen einfach an und sagten: ‚Wir erledigen auch alle Formalien, und Sie müssen dafür nichts extra bezahlen.' Ich wusste nicht, was ich sagen sollte. Ich stand unter Schock." Als sie herausfindet, was das Begräbnis kosten wird, wird der Schock noch größer. Die Firma ist nicht billig.

„Ich wusste nicht, warum sie mir zu Hilfe kamen, aber ich war froh, dass sie es taten. Sie haben sich um alles gekümmert, angefangen mit der Anfertigung des Sarges. Alles, was sie angepackt haben, war perfekt, vom Bagger zum Ausheben des Grabes bis zum Blumenschmuck. Und sie haben es so einfühlsam getan. Sie haben sich tatsächlich gekümmert. Wir hatten keine Ahnung, was alles nötig war, aber sie wussten es."

Susanne empfindet es als Trost, dass sie jemandem diese praktischen Dinge anvertrauen kann. Gott hat Gebete erhört und hat für viel mehr gesorgt als nur für geeignetes Arbeitsgerät. Sie selbst steht offensichtlich immer noch unter Schock und kommt kaum mit der bitteren Tatsache klar, dass sie ihren Mann verloren hat. Da ist jede Hilfe willkommen.

Zu diesem Zeitpunkt hat Susanne noch nicht die staatliche Genehmigung für Tilmanns Beerdigung auf dem armenischen Friedhof in Händen. Widersprüchliche Nachrichten sind ihr zu Ohren gekommen. Mal hieß es, es sei möglich, dann wieder nicht. Es folgt eine bange Zeit des Wartens.

„Einerseits liefen bereits die Vorbereitungen für die Beerdigung, andererseits hatten wir immer noch nicht die Erlaubnis des Gouverneurs. Dann schaltete ein Mitarbeiter der Botschaft den deutschen Botschafter ein, und der rief sofort den türkischen Außenminister an. Es mussten eine ganze Reihe von Telefongesprächen geführt werden, bevor es endlich voranging. Schließlich wurde der Gouverneur von Malatya instruiert, und damit war der Weg frei. ‚Tun Sie, was immer sie wünschen‘, sagte er dem Bürgermeister von Malatya, der nicht Ja und nicht Nein gesagt und alles in die Länge gezogen hatte. Das war eine Weisung von höchster Stelle. Danach konnte uns nichts und niemand mehr hindern."

Die Polizei hilft Susanne und der Familie auch im Hinblick auf den Medienrummel, der bei der Beerdigung zu erwarten ist.

„Ich möchte keine Presse auf dem Friedhof", entscheidet Susanne. Sie weiß, dass dafür Sorge getragen wird. Zwar will sie keine Gelegenheit auslassen, um das Evangelium von Jesus zu verbreiten, aber gleichzeitig ist sie auch Mutter und muss an ihre Kinder und an ihre Bedürfnisse denken. Sie brauchen ihren Raum, genau wie sie selbst.

Jedes der Kinder hat auf den Tod des Vaters auf seine Weise reagiert. Miriam, die Jüngste, hat tagelang getobt, weil sie nicht damit zurechtgekommen ist. Lukas will sich als Mann im Haus beweisen. Er sieht sich auf einmal in einer verantwortlichen Rolle.

„Mama, wovon werden wir leben?", fragt er eines Morgens. „Woher bekommst du das Geld, um Essen zu kaufen und die Miete zu bezahlen?"

Lukas weiß, dass sich bisher immer Tilmann um die Rechnungen und dergleichen gekümmert hat, und nun macht er sich Sorgen, wie sie es wohl schaffen werden.

„Mach dir keine Gedanken", sagt Susanne mit einem Anflug von Mitleid und zugleich Stolz, weil ihr Sohn sich um ihr Wohlbefinden sorgt. „Wir werden schon Geld verdienen; es wird schon klappen."

Lukas kann sich das freilich nicht vorstellen. Susanne ist nun eine alleinstehende Mutter, dabei hat sie die Verantwortung für den Haushalt. Sie kann doch nicht auch noch arbeiten gehen, oder? Das wäre zumindest sehr ungewöhnlich in der türkischen Kultur.

„Hab keine Angst", sagt sie und zieht Lukas an sich. Dann fügt sie voll Vertrauen und mit fester Stimme hinzu: „Gott wird für uns sorgen." Er hat sie bisher versorgt, als Tilmann noch da war, und Susanne ist bereit, ihm auch jetzt zu vertrauen, obwohl der Verdiener der Familie nicht mehr da ist. Dass Lukas so fürsorglich ist und mitdenkt, macht seine Mutter glücklich. Aber sie ist etwas beunruhigt, dass er sich zu viel vornehmen könnte. „Bitte, versuch nicht den Papa zu spielen. Sei einfach du selbst. Sei du selbst."

Um 15.00 Uhr soll der Sarg mit Tilmanns Leichnam kommen. Sie werden hinter dem Wagen her zum Friedhof fahren. Es wird 15.00 Uhr, die Zeit vergeht, und vom Sarg ist noch nichts zu sehen. Zwar gehen die Uhren im Orient generell etwas langsamer, aber zumindest bei diesem Anlass hätten die Trauernden mit mehr Pünktlichkeit gerechnet. Hinterher erfahren sie, dass der Trauergottesdienst live im Fernsehen übertragen werden sollte.

Der Sarg wird für etwas später angekündigt, aber auch dieser Zeitpunkt verstreicht. Kurz vor 16.00 Uhr trifft der Sarg dann in einem Krankenwagen ein.

Später erfährt Susanne, warum es so lange gedauert hat. Die Behörden mussten erst eine besondere Einheit der Polizei abstellen, um die Medien abzuhalten, den Weg frei zu machen und für Sicherheit zu sorgen (alle Gäste, die auf den Friedhof kamen, wurden abgetastet und untersucht). Denn es haben sich zahllose Menschen versammelt, um dem Toten ihren Respekt zu erweisen – bewegende Geste einer erschütterten Bevölkerung: Fünf aus ihrer Mitte haben einem ausländischen Gast das Leben genommen.

Der Wagen für Susanne und die Kinder trifft ebenfalls vor dem Haus ein. Er ist schwarz, mit glänzenden Felgen und polierten Fenstern. Freunde, Nachbarn, Polizisten und Sicherheitsbeamte umschwärmen ihn wie Bienen den Honigtopf. Alle spielen sie ihre Rolle in diesem surrealen Stück. Manche sind zum Schutz da, andere sind einfach nur Zaungäste, neugierig und im Zweifel, wem sie glauben sollen: der Presse, den Gerüchten oder den Ausländern, denen sie bisher allenfalls ein flüchtiges „Hallo" gegönnt haben.

Im Eingang zu Susannes Wohnung kommt Bewegung auf, Anzeichen für den bevorstehenden Aufbruch. Als ob sie Prominente wären, werden Susanne, zwei ihrer Freundinnen und die Kinder eilig zum Wagen eskortiert.

Niemand weiß, was für ein Empfang der Familie am armenischen Friedhof bevorsteht. Jedenfalls ist niemand auf die gespannte Menge gefasst, der sie sich am Eingang des Geländes gegenübersehen. Journalisten, Kameraleute und Fotografen rangeln um die besten Plätze, spekulieren auf einen Kommentar oder ein gutes Bild. Unglaublich groß ist das öffentliche Interesse an dieser Ausländerin, die den Folterern und Schlächtern Vergebung angeboten hat und die keinerlei Rachegefühle oder Ressentiments gegenüber dem Land erkennen lässt, in dem ihr Mann ermordet worden ist.

Einige Verwirrung ist hinsichtlich des Zeitpunktes der Beerdigung entstanden. Viele sind vom frühen Nachmittag ausgegangen und harren bereits seit Stunden aus. Die Verspätung hat sie nicht etwa veranlasst zu gehen. Es dauert zusätzliche Minuten, bis sich der Wagen einen Weg durch die Presse hindurch gebahnt hat.

Das ist eigentlich nicht der rechte Ort, um in Lachen auszubrechen, aber Susanne und die Kinder können kaum an sich halten. Die Situation ist zu bizarr. Kameras spähen durch die getönten Scheiben, Blitze erhellen ihre Gesichter.

„Ich musste den Kindern einschärfen: ‚Lacht nicht, lacht bloß nicht, schaut nicht aus dem Fenster.' Sie fühlten sich wie Stars. Wir waren von Paparazzi umringt."

Zwei von Susannes Freundinnen sind im Wagen mitgefahren. Sie sollen sich um die Kinder kümmern, sobald sie ausgestiegen sind. Vor der Beerdigung haben sie vereinbart, dass die beiden Freundinnen die Kinder bei der Ankunft abschirmen sollen. Niemand soll nach den Kindern greifen oder sie umrempeln können. Sie haben mit einigem Medieninteresse gerechnet, aber nicht mit etwas Derartigem.

Die Polizei schreitet ein. Eine Absperrung wird errichtet, die die Medien respektieren müssen. Sie dürfen der Beerdigung selbst nicht beiwohnen. Öffentliches Interesse hin oder her, Susanne, die Kinder und die Trauergäste müssen geschützt werden. Sie sollen Abschied nehmen können, ohne dass Kameras auf sie gerichtet sind.

Der Medienpulk zerstreut sich, die Kamerateams ziehen zu einem Haus, von dem aus man den Friedhof überblicken kann. Ein paar Millionen türkische Lira sichern den Zutritt zum Balkon des Bewohners, der einen perfekten Blickwinkel zum Abfilmen der Feier bietet. Alle Fernsehstationen berichten breit in ihren Nachrichtensendungen darüber; eine zeigt die ganze Zeremonie in voller Länge.

Sechs von Tilmanns christlichen Freunden und Kollegen tragen den Sarg mit gemessenen Schritten vom Wagen zum Grab. Eine große Menschenmenge folgt ihnen und umringt sie, als sie den Sarg am Grab absetzen. Die Trauerfeier kann endlich beginnen. Susanne ist von ihren Freunden und Kollegen umgeben. Sie steht da, ihre Arme ruhen auf Lukas und Miriam, die sich an sie schmiegen. Michal steht neben ihnen, einen Arm um die Taille der Mutter gelegt.

Offizielle Vertreter Deutschlands sind von Ankara nach Malatya gekommen, um ihre Solidarität mit den Geskes zu zeigen. Auch hohe türkische Offizielle sind erschienen, darunter der Gouverneur von Malatya.[5]

Große Kränze sind auf Ständern an der Kopfseite des Grabes platziert, gestiftet von unterschiedlichsten Gruppen, christlichen und nichtchristlichen.

Wolken ballen sich am nachmittäglichen Himmel zusammen. Nahamia, der Leiter einer türkischen Gemeinde, leitet die Trauerfeier.

„Tilmanns Leichnam liegt vor uns", so beginnt er, „und wir vermissen ihn unsäglich. Das ist nur natürlich. Aber etwas von Tilmann fehlt. Etwas wird heute nicht mit seinem Leib begraben. Seine Seele. Seine Seele ist nicht im Sarg."

Nahamia zieht sein Jackett aus, um deutlich zu machen, worauf er hinauswill. Er legt das marineblaue Jackett über den Sarg und wiederholt, dass Tilmann gegangen sei. Er sei heimgerufen worden. Aber bevor er gegangen sei, habe er sein „Jackett" den Christen in der Türkei vermacht. Sie sollten es weiter tragen. Es gebe immer noch eine Aufgabe zu erfüllen. Die türkischen Christen hätten den Auftrag, den Staffelstab zu übernehmen. Sie sollten Tilmann in Erinnerung behalten und den Grund, der ihn in die Türkei geführt hat. Sie sollten die Arbeit, zu der er sich berufen sah, weiterführen – nämlich all die mit Jesus bekannt zu machen, die nach dem Grund ihrer Hoffnung fragten.

Trotz unverkennbarer deutscher Beteiligung ist dies vor allem eine türkische Trauerfeier. Der älteste Christ der Türkei ist anwesend; nach türkischer Sitte steht es ihm zu, eine Rede zu halten, wenn er denn will. Und er spricht. Das war nicht geplant. Auch er zitiert aus der Bibel und ruft die Gläubigen auf, ein

Leben der Hingabe an Jesus Christus zu führen, so wie Tilmann es vorgelebt hat. Dabei geht er erregt auf und ab, hebt seine Hände und deutet zum Himmel. Ein gottesfürchtiger Mann mit einer passenden Botschaft – niemand beschwert sich, auch wenn dieser Punkt nicht eingeplant war.

Als er geendet hat, schließt er seine abgegriffene türkische Bibel und übergibt das Wort wieder an Nahamia.

Susanne weiß, was als Nächstes kommt, und wappnet sich innerlich für den Gefühlssturm, der damit verbunden sein wird. Zusammen mit Michal und Liz, einer engen Freundin der Familie, will sie ein Lied singen, das Tilmann im letzten Jahr seines Lebens geschrieben hat. Er hatte alles Talent dazu, aber er hatte sich lange Zeit nicht wirklich getraut. Nur zwei Kompositionen hat er fertiggestellt, und beide werden sie nun vortragen. Von einer Gitarre begleitet, beginnen die drei zu singen.

Die Kameras auf dem Balkon arbeiten unermüdlich, Mikrofone fangen die Töne auf, die einmal Tilmanns Herzen entsprungen waren. Tränen mischen sich erst mit einzelnen Tropfen, dann geht aus den dunklen grauen Wolken ein dichter Regen über die Trauergesellschaft nieder und hüllt sie ein. Man könnte meinen, dass Gottes ganze Schöpfung das himmelschreiende Unrecht beklagt.

Du bist himmlisch!

Du bist prächtig!
Du bist wunderbar!
Deine rechte Hand hat überwältigende Kraft!!

Du bist würdig, mein Leben zu nehmen, du bist es wert.
Du gabst deinen Sohn für uns.

Du bist würdig, mein Leben zu nehmen, du bist es wert.
Verändere alles, was ich habe, oh HERR!
Forme alles, was ich habe, oh HERR!
Fülle mich, hier bin ich, oh HERR!

Du bist Liebe! HERR, unser Gott, ist Liebe.
Du hast mich lieb. Ich umarme dich, HERR Jesus!!
Du bist Liebe! HERR, unser Gott, ist Liebe
Du hast mich lieb. Und ich liebe dich!!!!!!!!

Schirme entfalten sich über den Trauernden. Die Sängerinnen halten durch, auch wenn ihre Liedblätter inzwischen durchnässt sind. Ein Schirm, freundlich von hinten über sie gehalten, bietet nur wenig Schutz vor den Elementen. Während das Lied ausklingt, rückt die Menge ein wenig zusammen, als ob es sie nach Wärme und Nähe verlangt.

Die Wolken werden noch dunkler, aber der Regen hört, seltsam genug, erst einmal auf. Die Schirme werden wieder zusammengeklappt. Nachdem sich die Unruhe etwas gelegt hat, tritt Murat, ein guter Freund von Tilmann, ans Grab und beginnt zu sprechen:

„Mein lieber Freund und Bruder Tilmann … Ich kannte ihn nun bald sieben Jahre lang. Er war ein echter, wertvoller Freund, und sein Tod ist für uns ein großer Verlust. Er war stets freundlich, ruhig und herzlich. Er war ein Mann, der alle Menschen liebte; Liebe füllte ihn regelrecht aus. Seine Liebe für die Türkei und die Türken war so offensichtlich und so wichtig."

Murat faltet das Blatt mit seinen Notizen auf und fährt dann fort: „Tilmann war ein Vorbild. Er sang Lieder zu seiner Gitarre für den Herrn. Für die Türkei und für die Türken ist sein Tod ein schmerzlicher Verlust, aber wir wissen, dass er als Märtyrer für Jesus starb und dass er nun bei seinem Herrn und Erlöser ist. Er starb, weil er Jesus und die Menschen liebte.

Die Türkei, die türkischen Medien, Politiker und das türkische Volk gestehen sich das vielleicht nicht ein, aber sie sind Zeugen der Beerdigung eines Mannes, der sein Leben zweierlei gewidmet hatte: Zum einen seinem Retter und Herrn Jesus Christus. Seine bedingungslose Hingabe an Jesus hat zum Zweiten geführt: Er hat sein Leben den Türken verschrieben, den Menschen, die er liebte und denen er Jesus nahebringen wollte."

Es ist Zeit geworden für das eigentliche Begräbnis. Seile werden bereitgelegt, um den Sarg ins Grab zu senken. Susanne tritt mit den Kindern ans Grab heran. Sie drückt Miriams Hand und beginnt zu weinen. Das ist der endgültige Abschied. Umgeben von Freunden, aber eben ohne den Menschen, der ihr am meisten bedeutete.

Als sie viele Jahre zuvor in ihrem Zimmer gestanden und „alles" Gott übereignet hat, da wäre ihr nie in den Sinn gekommen, dass dieses „alles" auch ihren geliebten Mann umfassen könnte. Ihr Gelübde vor ihrem himmlischen Vater an jenem Tag kommt ihr nun wieder in den Sinn, als sie sich auf die Situation zu konzentrieren versucht, die sich vor ihren Augen abspielt. Dabei hält sie sich daran fest, dass nichts und niemand die Menschen, die in Christus sind, von der liebevollen Fürsorge und dem Schutz des allmächtigen Gottes abschneiden können.

Der mit einem schlichten Kreuz verzierte Sarg wird in die graue Erde gesenkt. Der Himmel ist verhangen und die Luft um sie kalt. Susanne kann ihre Gefühle nicht länger zurückhalten, ungeachtet der festen Hoffnung, dass es einmal eine wunderbare Wiedervereinigung nach der Wiederkunft Jesu Christi geben wird. Als sie eine einzelne rote Nelke auf Tilmanns Sarg fallen lässt, entringt sich ihr ein qualvoller Schrei. Sie schaut zum Himmel und weint und weint und weint. Erde wird auf den Sarg geworfen. Dies ist das Ende.

Ein Lichtstrahl

Wohin kann man sich in einer solchen Situation wenden? Man kann schwerlich den Fragern, Zweiflern und Zynikern einen Vorwurf machen, wenn sie fragen: Wo ist Gott in solchen Augenblicken? Susanne weiß: Er ist genau dort, wo er schon tags zuvor und auch am Tag von Tilmanns Ermordung war. Er sitzt im Regiment, er hat die Regie.

Susanne ist nach wie vor zuversichtlich, dass sie sich nicht irremachen lassen wird. Sie ist entschlossen, Gott und ihrem Erlöser Jesus Christus zu vertrauen. Auch wenn Tilmann nicht mehr auf der Erde ist, so ist er doch bei seinem Herrn. Susanne weiß, dass Jesus eins mit Gott ist. Er hat nicht gelogen, als er seinen Jüngern versprach, dass er ihnen vorausgehen wird, um ihnen einen Platz vorzubereiten – sodass auch sie dort sein können, wo er ist.

Die Wolken breiten sich immer weiter über den nachmittäglichen Himmel aus. Susanne wendet ihren Blick noch einmal zum Grab. Lukas und Miriam stehen immer noch an ihre Mutter geschmiegt und verlangen nach Trost. Sie selbst weint, ihr Gesicht ist rot und fleckig. Aus den dichten, schwarzen Wolken bricht ein Sonnenstrahl hervor, so triumphal und blendend, wie man es an solchen Tagen nicht oft erlebt. Er scheint direkt und unmissverständlich auf das Grab und die, die darum versammelt sind. Sie singen ein türkisches Lied nach Psalm 121:

„Ich hebe meine Augen auf zu den Bergen.

Woher wird meine Hilfe kommen?

Meine Hilfe kommt vom Herrn,

der Himmel und Erde gemacht hat."

Dann stimmt Michal ohne Begleitung und ohne Noten an und die Freunde beginnen mit ihr zu singen:

„Vater, deine Liebe ist so unbegreiflich groß,

und ich weiß gar nicht, wie ich leben konnte

ohne dich, o Herr.

Doch machst du mich zu deinem Kind.

Du schenkst mir deine Liebe jeden Tag.

Du lässt mich nie im Stich, denn:

Vater, du bist immer bei mir.

Herr, ich preise deinen heiligen Namen!

Du bist König, du nur bist mein Herr und mein Gott."[6]

Sie, ihr Bruder und ihre Schwester sind nun in den Augen der Welt vaterlos. Aber als sie sich Jesus anvertraut haben, haben sie damit zugleich einen unvergleichlichen Vater gewonnen. Wie sie ohne Begleitung durch ihren liebevollen, immer zu Späßen bereiten Vater zurechtkommen werden, das wissen sie noch nicht. Aber sie haben Gott, ihren Vater im Himmel. Er hat sie, wie es das Lied sagt, in seine Familie adoptiert. Und das heißt, sie werden nie allein sein.

Nach einer Reihe weiterer Lieder und türkischer Gesänge stimmt Michal mit der Menge den Gospelsong an: „Oh, when the saints go marching in" („Ja, wenn der Herr einst wiederkommt"). Ein unvergesslicher Eindruck. Fast alle in der Trauergemeinde weinen, aber zugleich zeigen viele Gesichter Freude. Tilmann ist fort, aber er ist nur gegangen, um bei seinem Herrn zu sein.

> „We are trav'ling in the footsteps
> Of those who've gone before
> But we'll all be reunited
> On a new and sunlit shore
>
> Oh, when the saints go marching in
> When the saints go marching in
> Oh Lord I want to be in that number
> When the saints go marching in
>
> And when the sun refuse to shine
> And when the sun refuse to shine
> Oh Lord I want to be in that number
> When the saints go marching in
>
> And when the moon turns red with blood
> And when the moon turns red with blood
> Oh Lord I want to be in that number
> When the saints go marching in
>
> Oh, when the trumpet sounds its call
> When the trumpet sounds its call
> Oh Lord I want to be in that number
> When the saints go marching in

Some say this world of trouble
Is the only one we need
But I'm waiting for that morning
When the new world is revealed."[7]

Christen haben selbst in den schlimmsten Augenblicken einen
Grund zum Singen, wie Susanne und ihre Kinder bestätigen
können. Sie wissen nicht, was vor ihnen liegt, sie möchten und
können auch gar nicht über den Tag hinaus denken. Aber sie
nehmen Gott beim Wort und halten sich an seine Verheißun-
gen: Er wird bei ihnen sein; er wird sie trösten.

Wenn einem die Welt zerbricht, was macht man dann? Susanne hat nur eine Antwort auf diese Frage: Sie verfolgt den Kurs
weiter, den sie und Tilmann vor seiner Ermordung eingeschlagen
haben. Die Führung in ihrem Leben haben sie von Gott erwartet. Wenn finanzielle Fragen auftauchten, vertrauten sie Gott.
Wenn ihnen Sorgen und Probleme zu schaffen machten, brach-
ten sie sie im Gebet vor Gott.

Nun ist Tilmann fort, aber Susannes Herr ist so vertrauens-
würdig und treu wie zuvor – seine Gnade wird auch weiterhin ge-
nügen. Ob sie aber auch künftig einem Gott vertrauen kann, der
einen solchen vernichtenden Anschlag auf das Leben erlaubt hat?
Die Welt erlebt eine Frau, die auf diese Frage ein klares „Ja" hat.

Eine Woche später wird am anderen Ende des Landes, in Izmir,
wo Necati herstammt, ein Gedenkgottesdienst für die drei Er-
mordeten abgehalten. In einer alten, überfüllten Kirche tritt ein
tapferes zwölfjähriges Mädchen ans Mikrofon. Das Mädchen ist
Michal. Mit leicht flatternden Nerven entfaltet sie ihr Manuskript.

„Ich glaube, mein Vater hatte in den letzten Monaten seines Lebens eine gewisse Vorahnung, dass etwas passieren würde. Etwas Schlimmes. Etwas Unerwartetes. Mein Papa hat uns immer wieder in unserer Familienandacht daran erinnert, dass Jesus bald wiederkommt und wir bereit sein müssen. Jesus kommt bald. Es dauert nur noch eine kurze Zeit."

Michal unterbricht sich, um Luft zu holen und eine Träne aus dem Augenwinkel zu wischen. Sie hat sich vorgenommen, nicht zu weinen, aber als sie wieder auf die Zeilen vor sich blickt, ist es vorbei. Die nächste Träne bahnt sich den Weg, und noch eine. Ihre Mutter tritt zu ihr und legt aufmunternd den Arm um sie. Da setzt Michal erneut an:

„Mein Vater hat wirklich in enger Verbindung mit dem Herrn gelebt, und er ist für den Herrn gestorben. Er hat immer versucht, so zu leben, wie es Gott gefällt. Er hatte große musikalische Fähigkeiten und wollte sie für das Lob Gottes verwenden. Er hat zwei Lieder geschrieben, und wir haben sie Ihnen vorgetragen, damit auch Sie Gott mit diesem Lied loben können.

Necati, Ugur und Papa sind jetzt an einem viel besseren Ort."

Es dämmert ihr, was diese Worte bedeuten, die sie da eben gesagt hat. Es ist wahr, es kommt aus ihrem Herzen, und deshalb schmerzt es umso mehr. Ihr Gesicht läuft rot an, sie beginnt zu zittern und zu schluchzen. Aber noch ist sie nicht fertig. Einen Satz will sie noch sagen:

„Sie haben gesät, und nun sind wir dran – unsere Aufgabe ist die Ernte."

In einem Satz hat Michal die Leidenschaft ihres Vaters zusammengefasst, die sie von ihm geerbt hat. Michal hatte ein enges Verhältnis zu ihrem Vater. Sie sehnt sich unglaublich nach ihm – nur einen Tag mit ihm zusammen sein, nur noch einmal von ihm umarmt werden, nur noch ein verrücktes Spiel im Wohnzimmer …

Weltweite Reaktionen

Politiker und Diplomaten aus aller Welt, Religionsführer und Angehörige der Regionalverwaltung nehmen Stellung zum gewaltsamen Tod von Tilmann und seinen beiden Kollegen.

Während viele hochrangige Amtsträger sich anfangs mit Kommentaren zurückhalten, bis die Faktenlage klarer ist, verurteilt Eddie Lyle, Leiter des britischen Zweigs des christlichen Menschenrechts- und Hilfswerks Open Doors, die Morde schon früh:

„Dieser tragische Vorfall ist das jüngste Beispiel für den traurigen Trend zu immer massiverer Verfolgung von Christen in der Türkei. Wir können dazu nicht länger schweigen. In der Türkei sehen sich Christen ständig Angriffen ausgesetzt. Sie bitten um Hilfe und um unsere Gebetsunterstützung. Wir können und müssen diesen Hilferuf aufnehmen. Wir müssen uns fragen: Was bringt junge Männer dazu, mit solchem Hass und solcher Gewalt gegen unschuldige Menschen vorzugehen, die einfach nur leben und ihren täglichen Aufgaben nachkommen?

Die Umstände, die derart heimtückische Verbrechen hervorbrachten, dürfen nicht länger geduldet werden. Es muss in allen Ländern möglich sein, dass Christen ihren Glauben freimütig praktizieren und bekennen können, ohne sich vor Verfolgung in all ihren Ausprägungen fürchten zu müssen."

Überall in Europa äußern sich Verantwortungsträger ähnlich. Es steht ja seit Jahren die Frage im Raum, ob die Türkei mittelfristig der Europäischen Union beitreten kann. Und in diesem Stadium der Überlegungen wirft ein derartiges Verbrechen, ob religiös oder nationalistisch motiviert, besondere Probleme auf.

Die türkische Regierung bangt um ihre mögliche politische Zukunft innerhalb Europas. Skeptiker in der Türkei stellen offen infrage, dass die Türkei in die EU gehöre, denn dies war ja nicht der erste Mord an einem Christen im Land. Fünfzehn Monate zuvor war Pater Andrea Santoro, ein katholischer Priester, in Trabzon von hinten erschossen worden. Der Täter war ein Sechzehnjähriger, und der Mord war ein religiös motivierter Angriff gewesen – „ausgeführt im Namen Allahs". Die Mutter des Schützen hatte während der Gerichtsverhandlung geäußert, der Mord sei „ein Geschenk an den Staat und die Nation".[8]

Auch der bekannte armenische Journalist Hrant Dink, der die Türkei offen kritisiert hatte, war von türkischen Nationalisten umgebracht worden, die sich verpflichtet fühlten, das Ansehen ihres Landes zu „schützen". Und so stand die türkische Regierung bereits vor den Morden von Malatya unter Druck.

Die Türkei ist bei weitem nicht das einzige Land mit dieser Problematik. In Thailand beispielsweise gilt als ungeschriebenes Gesetz: „Ein Thai muss Buddhist sein." Analog dazu gilt in der Türkei: Türke sein heißt Muslim sein. Zwar bekennen sich längst nicht alle türkischen Nationalisten zu einer starken Rolle des Islam im Land, aber es ist gesellschaftlicher Konsens, dass dem Islam eine gewisse, wenn auch beschränkte Rolle zugestanden wird. Deshalb müssen ausländische Vertreter einer anderen Religion zumindest mit Missbilligung, wenn schon nicht mit offener Anfeindung rechnen.

Es kann auch nicht überraschen, dass über die Motive der Mörder von Tilmann, Necati und Ugur anfangs gerätselt wurde. Einige stolze Ultranationalisten schrieben sich die Tat zu und behaupteten, sie sei ein Sieg für die Türkei und ihre Zukunft. Aber auch islamische Fundamentalisten rühmten sich der Tat und sagten, sie sei für Allah geschehen.

Mit der Zeit wird es immer schwerer, zwischen religiösen und nationalistischen Motiven zu unterscheiden. Die fünf jungen Attentäter sind mittlerweile allesamt in polizeilichem Gewahrsam. Der türkischen Presse zufolge haben sie in den ersten Verhören alle ausgesagt, sie hätten aus „nationalistischen und religiösen Gefühlen" heraus gehandelt. Jeder von ihnen hatte bei der Tat einen Zettel mit der Zeile „Wir haben es für unser Land getan" in der Tasche.

Während sich die Politiker noch über die Motive hinter dem Verbrechen streiten und ihre unterschiedlichen Interessen zu verteidigen suchen, schält sich immer mehr heraus, dass Tilmann und seine Mitarbeiter aufgrund ihres Glaubens an Jesus den Märtyrertod erlitten haben. Sie waren sich der Gefahren ihrer Tätigkeit in der Türkei bewusst, aber das konnte sie nicht in ihren Bemühungen bremsen.

Die beiden Freunde von Tilmann, die mit ihm ermordet wurden, Ugur Yüksel und Necati Aydin, waren als Muslime zum Glauben an Jesus gekommen. Der Mord ist der erste bekannte Fall von Martyrium türkischer Konvertiten seit Gründung der Türkischen Republik im Jahr 1923, aber es ist bereits der dritte Mord innerhalb von zwei Jahren, der sich gezielt gegen Christen in der Türkei richtet. Das erklärt das enorme Interesse der weltweiten Medien und ihre breite Berichterstattung.

Natürlich ist Susanne auf die Unterstützung ihrer Organisation angewiesen, und sie wird nicht enttäuscht. Sobald sich die Nachricht bestätigt, dass Tilmann umgebracht worden ist, setzt sich Ed, der zuständige Gebietsleiter der Organisation, mit seiner Frau Kathy ins nächste Flugzeug.

„Ich wollte nicht allein sein. Ich fühlte mich isoliert und verwaist – nicht weil sich unsere Freunde und Kollegen nicht um mich gekümmert hätten, im Gegenteil, das haben sie in jeder erdenklichen Weise getan. Aber Tilmann hat mir so sehr gefehlt."

Die Organisation stellt sicher, dass Susanne Beistand hat. Noch früh genug wird sie sich dann allein durchschlagen müssen. Jetzt braucht sie erst einmal Trost, Liebe und Unterstützung. Die Organisation sorgt dafür, dass sie das alles bekommt.

Nach einem angemessenen zeitlichen Abstand machen sich Susannes Adoptiveltern auf die Reise von Deutschland nach Malatya. Mit äußerst gemischten Gefühlen bereiten sie sich auf die Begegnung mit ihrer verwitweten Tochter und den vaterlosen Enkeln vor. Im Rückblick auf das Wiedersehen erzählt Susanne:

„Es war Mitte Mai, als sie uns besuchen kamen. Sie kamen genau recht, um mit mir Geburtstag zu feiern. Erstaunlicherweise war gerade erst ein Flug eingerichtet worden, mit dem man Malatya von Deutschland aus direkt erreichen kann.

Durch diesen Besuch, den ersten in Malatya, haben sie überhaupt erst eine Vorstellung davon bekommen, wie es hier ist und was wirklich passiert war. Im Gegenzug haben meine Adoptiveltern später, als sie wieder nach Deutschland zurückgekehrt sind, Neuigkeiten und Erfahrungen aus erster Hand mitgenommen, und sie haben dann auch die etwas weitere Verwandtschaft und den Freundeskreis ins Bild gesetzt."

Nicht alle sind so sicher, dass Susanne das Richtige tut. Sie hat sich entschlossen, in Malatya zu bleiben. Die Kinder wollen ebenfalls bleiben. Viele allerdings haben sie gedrängt, augenblicklich die Koffer zu packen und heim nach Deutschland zu reisen, wenigstens für einige Zeit.

Bei einem Telefonanruf einige Tage später lässt Susannes leibliche Mutter keinen Zweifel an ihrer Meinung. „Du bist verrückt, wenn du dort bleibst", schreit sie ins Telefon.

Susanne bleibt unbeeindruckt. Sie hat sich entschieden. Sie wird nirgendwo hingehen. Sie ist mit einem Auftrag nach Malatya gekommen, und dieser Auftrag ist noch längst nicht erfüllt.

„Unser Gespräch kam zu einem abrupten Ende. Ich war nicht bereit, mir von meiner Mutter anzuhören, was ich tun sollte. Sie hatte kein Verständnis für die Situation: für meine Wünsche, für meine Arbeit in Malatya."

Susanne legt den Hörer auf. Ihre Mutter will einfach nicht begreifen, dass sie nicht heimkommen wird.

Martin Luther King hat einmal gesagt: „Solange ein Mensch noch nichts entdeckt hat, wofür er bereit ist zu sterben, solange ist er nicht lebenstauglich."[9] Tilmann, Necati und Ugur haben fraglos etwas entdeckt, wofür sie bereit waren zu sterben. Und Gott hat es – warum auch immer – für angebracht gehalten, dass sie tatsächlich für ihre große Sache starben. Dieses Sterben blieb nicht unbemerkt, es hat in der ganzen Welt Anteilnahme erregt. Und im Himmel werden diese drei treuen Diener des Evangeliums, diese drei Märtyrer für ihren Erlöser, jetzt willkommen geheißen und bekommen die Krone des Lebens.

Tilmanns letzter Eintrag in sein Tagebuch war eine Passage aus dem Buch des Propheten Jesaja:

„Der Geist des Herrn, Herrn, ist auf mir; denn der Herr hat mich gesalbt. Er hat mich gesandt, den Elenden die frohe Bot-

schaft zu bringen, zu verbinden, die gebrochenen Herzens sind
... zu trösten alle Trauernden, den Trauernden Zions Frieden,
ihnen Kopfschmuck statt Asche zu geben, Freudenöl statt
Trauer, ein Ruhmesgewand statt eines verzagten Geistes, damit
sie Terebinthen der Gerechtigkeit genannt werden, eine Pflan-
zung des Herrn, dass er sich durch sie verherrlicht.

Sie werden die uralten Trümmerstätten aufbauen, das früher
Verödete wieder aufrichten. Und sie werden die verwüsteten Städte
erneuern, was verödet lag von Generation zu Generation …

Weil ihre Schande doppelt war und sie Schmach besaßen als
ihr Erbteil, darum werden sie in ihrem Land das Doppelte
besitzen …" (Jesaja 61,1-7).

Recht und Vergebung

Wie geht man mit Menschen um, die derart abscheuliche Taten
verübt haben? Unser Verstand verlangt Gerechtigkeit, unsere
Herzen fordern Vergeltung. Dass das Recht walten muss, ist klar.
Aber wie sollen sich Christen verhalten? Sollen sie sich mit Unrecht und Sünde abfinden, weil sie nun einmal in einer gefalle-
nen Welt leben, oder sollen sie gegen Unrecht aufstehen und sich
dafür einsetzen, dass es vor Gericht gebracht wird?

Susanne hat einen kühnen Satz gesagt, als sie vor die Weltpresse trat. Sie hat den Tätern von Herzen und bedingungslos
Vergebung angeboten. Miriam, ihre jüngste Tochter, will noch
einen Schritt weiter gehen.

„Mama", fragt sie unschuldig, „wann gehen wir diese Männer besuchen?"

Susanne versteht nicht sofort.

„Du weißt doch, die Männer …" Miriam gestikuliert mit den Händen, als ob sie etwas sucht. Ihre Mutter kann viel, aber Gedankenlesen vermutlich nicht. Schließlich kommt Miriams Erinnerung zurück. „Die Männer, die Papa, Necati und Ugur getötet haben."

Susanne rätselte, warum Miriam diese Leute besuchen will. Und so muss Miriam erklären: „Wir sollten zu ihnen gehen, dann können wir ihnen eine Bibel geben, und dann lernen sie Jesus kennen. Wenn sie sterben, können sie Papa und Necati und Ugur im Himmel um Verzeihung bitten."

Der Glaube und der Mut ihrer Tochter erfüllt Susanne mit Ehrfurcht. Sie hat bis dahin noch nicht wahrgenommen, was für einen großen Glauben an Jesus ihre Jüngste besitzt.

„Sie hat mich inspiriert", sagt Susanne später. Und ihr wird einmal mehr klar, was für ein Geschenk ihre Kinder für sie sind. So oft hat sie in der Eile versäumt, ihnen die verdiente Anerkennung zu zeigen. „Wenn ich die Täter im Gefängnis besuchen könnte, würde ich tatsächlich versuchen, ihnen ein Neues Testament zu geben, und würde ihnen sagen: ‚Ich vergebe Ihnen aus ganzem Herzen. Aber es gibt noch jemanden, von dem Sie Vergebung brauchen – Jesus, den Herrn. Wenn Sie so etwas wie ein Gewissen haben, dann kann ich Sie nur bitten: Lesen Sie die Bibel und suchen Sie die Vergebung von Jesus.'

Ich kann zwar meine Vergebung anbieten, aber da ist eben der Eine, viel Größere, vor dem sie sich verantworten müssen. Ich wünschte mir, dass sie mit ihm ins Reine kommen. Er ist der, an dem sie sich versündigt haben. Meine Zuversicht kommt daher, dass er ein gerechter Gott ist. Er wird selbst da für Gerechtigkeit sorgen, wo wir das hier auf der Erde nie erleben. In der Bibel heißt es, dass es den Gottlosen manchmal gut zu gehen scheint, in Wirklichkeit aber ist ihr Verhalten fruchtlos und führt zur Zerstörung. Das weiß ich, und ich vertraue auf Gott. Nur deshalb kann ich den Tätern gegenübertreten und ihnen Vergebung anbieten."

Shemsa Aydin sagt kurz nach der Beerdigung ihres Mannes Necati auf einer Frauentagung: „Vergebung macht uns frei, und es ist eine mächtige Waffe der Liebe gegen ungute Bitterkeit. Liebe rechnet das Böse nicht auf. Vergeben ist eine Entscheidung und ein Geschenk. Wenn wir unsere Herzen gegen die Messer der Mörder wappnen wollen, dann müssen wir uns dafür entscheiden, ihnen zu vergeben. Vergebung verweigern und die Vergeltung selbst in die Hand nehmen, anstatt sie Gott zu überlassen, das heißt: seiner Autorität misstrauen. Der Herr hat uns bedingungslos vergeben mit seinem eigenen heiligen und kostbaren Blut, und deshalb sind auch wir aufgefordert, anderen zu vergeben."

Er war ein Gentleman

Nur wenige Menschen haben es je vermocht, hinter Tilmanns Schüchternheit zu blicken, aber wenn es ihnen gelang, dann haben sie einen wahren Gentleman entdeckt. Vier Menschen haben diesen Mann im Lauf der Jahre besser kennengelernt als alle anderen, und das sind seine Frau und seine drei Kinder.

Eines Nachmittags sitzen wir, Joanna und Jonathan, mit ihnen im Wohnzimmer zusammen und sprechen über den Mann und Vater – seine starken und seine schwachen Seiten.

Susanne trinkt türkischen Tee und knabbert an einem Stück Gebäck. Lukas verfolgt mit einem Auge das Fernsehprogramm und schaltet sich zwischendrin immer wieder in die Unterhaltung ein. Die Mädchen sitzen rechts und links von ihrer Mutter. Miriam spielt mit ihrem Haar und wirft nur gelegentlich ein Wort ein.

Susanne kennt Tilmann am längsten und besten, also beginnt sie.

„Er war ein guter Sportler. Er war groß, das war beim Rudern und Fahrradfahren natürlich von Vorteil. Er war wie jeder andere auch – er hat gern gewonnen! Während der Tagungen und Einkehrwochen, die unsere Organisation für die Mitarbeiter veranstaltete, gab es immer ein Fußballspiel, bei dem die verschiedenen Sektionen gegeneinander antraten – zum Beispiel Istanbul gegen Malatya." Lukas spitzt die Ohren. Er weiß, was jetzt kommt. „Bei der letzten Tagung hat unser Team aus Malatya gewonnen. Ich habe auch mitgespielt, genau wie Lukas, zusammen mit Tilmann. Und Lukas hat das …"

Bevor Susanne den Satz beenden kann, fährt Lukas aufgeregt

dazwischen. „Ich habe das entscheidende Tor geschossen!“, ruft er aus und lässt dabei jedes Anzeichen der väterlichen Zurückhaltung vermissen. Susanne geht zur Vitrine und deutet erkennbar stolz auf die Trophäe, die die Familie gewonnen hat.

Wie jeder männliche Augenzeuge zwischen zehn und siebzig kann Lukas den Verlauf des Spiels sekundengenau nacherzählen, einschließlich des dramaturgischen Höhepunktes – des entscheidenden Tores.

Mit einem Grinsen, das mütterlichen Stolz verrät, kehrt Susanne zu ihren Erinnerungen zurück. „Er war so stolz auf seinen Sohn und auf den Preis, den er dem Team gesichert hat. Wie jeder Vater war er begeistert über den Erfolg seiner Kinder.

Lukas hat vielleicht nicht die Bescheidenheit seines Vaters geerbt“, meint Susanne und lächelt verständnisvoll, „aber was er ganz bestimmt mitbekommen hat, das ist die Sportlichkeit. Um genau zu sein: für Michal und Miriam gilt das genauso. Michal spielt Basketball, und Miriam schwimmt seit Kurzem und macht das auch richtig gut.“

Einmal abgesehen von den sportlichen Höhepunkten bedeuteten die besagten Tagungen der Organisation für Susanne und Tilmann immer harte Arbeit. Sie mochten Tagungen mit stundenlangem Sitzen und Zuhören über mehrere Tage nicht besonders. Die Tagungen waren aber ertragreich und nützlich, nur die Anreise war stets unerträglich lang – etwa achtzehn Stunden per Bus. Wie jede andere Arbeit hatte auch die der Geskes ihre Schattenseiten.

„Ich will nicht falsch verstanden werden“, sagt Susanne. „Wir sind wirklich gern unter Leuten und treffen uns gern mit den Kollegen, aber die Tagungen können sehr kostspielig sein, und manchmal fällt es einem schwer, sich dafür zu motivieren.“

Susanne überlegt, offenbar ist sie nicht ganz sicher, ob sie wirklich sagen soll, was ihr auf der Zunge liegt. Die Kühnheit siegt. „Wir wollten dieses Jahr eigentlich nicht hingehen und haben nach einer guten, nachvollziehbaren Ausrede gesucht." Trotzdem haben die Geskes schließlich teilgenommen. Das Ergebnis sind kostbare Erinnerungen für die Kollegen und die Familie.

„Tilmann wollte immer schon Kinder, kaum dass wir verheiratet waren", erzählt Susanne. „Nachdem die Kinder dann da waren, hat er sich angewöhnt, abends immer ein Spiel mit uns allen zu spielen, bevor die Kinder ins Bett mussten. Etwas Lustiges, das wir alle miteinander spielen konnten. Ein Brettspiel zum Beispiel. Oder wir haben das Wohnzimmer in eine Bühne verwandelt für alle möglichen Vorführungen, von den Blues Brothers bis zum bloßen Herumalbern. Wenn ich so zurückdenke, dann waren diese Familienzeiten von Anfang an immer sehr wichtig für uns."

Auch seine musikalische Begabung vergeudete Tilmann nicht. Da Musikunterricht teuer ist, unterrichtete er seine Kinder selbst. Michal, die Älteste, hat davon natürlich am meisten profitiert. Auch Susanne hat ihr Teil beigetragen. „Meine Aufgabe war, darauf zu achten, dass sie üben. Tilmann hat ihnen gezeigt, wie's geht. In den letzten Wochen haben Michal und Tilmann viel zur Klavierbegleitung zusammen gesungen. Sie haben neue Lieder ausprobiert, die Tilmann geschrieben hatte. Es war schön anzusehen, wie sie zusammen singen und spielen."

Dann richtet sich eins der Kinder auf und erinnert an Papas Fähigkeit, die leckersten Kuchen zu backen – ganz ohne Rezept. „Stimmt, seine Kuchen!", bestätigt Michal. Ihr strahlender Gesichtsausdruck lässt ahnen, wie gut die gewesen sein müssen.

Tilmann machte sich gerne nützlich. Sonntagfrüh schlich er

130

sich aus dem Bett, um Susanne nicht aufzuwecken. Wenn er seine Vorbereitungen für den Gottesdienst beendet hatte, ging er in die Küche und backte Brot oder Törtchen fürs Frühstück. So wehte den anderen Familienmitgliedern schon beim Aufwachen der Duft des warmen Gebäcks um die Nase. Die Kinder beeilten sich dann, aufzustehen und in die Küche zu kommen. Sie wollten schon mal etwas Kuchenteig stibitzen, bevor alles im Ofen war. Tilmann hatte sie gerne um sich.

Er räumte stets alles selbst auf und war immer bereit, mit anzufassen, wenn er sah, dass Susanne Hilfe brauchte. Ob eine Pfanne eingebrannt war oder ein Fleck sich nicht entfernen ließ – er konnte nicht zusehen, wenn Susanne sich abmühte, und nahm ihr solche Arbeiten ab.

Tilmann war mehr als nur ein fürsorglicher Ehemann und heiterer Vater. Er war auch ein tief geistlicher Mann. Er konnte gut predigen und die Bibel verständlich auslegen. Er hatte im Studium Hebräisch und Griechisch gelernt, und das kam ihm später zugute, als er selbst unterrichtete. „Er war auch ein hingebungsvoller Beter. Oft hat er viel Zeit in der Fürbitte für Freunde, Angehörige und Nachbarn verbracht. Das bewunderte ich wirklich an ihm", erinnert sich Susanne.

In handwerklichen Fragen machte ihm so schnell keiner etwas vor. „Wenn wir etwas für die Einrichtung brauchten, dann hat er einen Plan gezeichnet und hat den dann zu einem Schreiner gebracht. Einmal konstruierte er einen Ständer für das E-Piano, aber als wir dann das nötige Geld zusammen hatten, konnte er den Mann nicht finden, der den Ständer bauen sollte. Und als er ihn schließlich gefunden hatte, war das Geld alle! So ging uns das öfters. Tilmann hat schließlich improvisiert und einen behelfsmäßigen Ständer aus Weinkisten gebaut."

„Wenn es um Feste wie Weihnachten ging, dann war Tilmann wie ein Kind. Er hat es verstanden, viel Spaß aus der Sache herauszuholen. Auch wenn wir als Familie allein feierten, hatten wir es lustig. Wir lachten und hüpften mit den Kindern auf den Sofas herum. Er hat jeden Blödsinn mitgemacht, und die Kinder haben ihn dafür geliebt. Er gehörte nicht zu der Sorte Väter, die viele Geschenke kaufen, das mochte er gar nicht.

In einem Jahr sagte ich ihm kurz vor seinem Geburtstag: ‚Ich weiß, was ich dir besorgen werde. Du selbst würdest dir das nie gönnen …‘, und er fragte: ‚Was denn?‘

Da sagte ich: ‚Einen neuen Computer.‘

Er protestierte sofort, sagte: ‚Nein, bloß nicht‘, aber ich habe mich nicht umstimmen lassen und habe ihm ein Notebook gekauft.

So musste ich es immer anstellen: Einen Anlass finden wie zum Beispiel den Geburtstag. Seine Schwester schenkte ihm ein Fahrrad zum Geburtstag. Den Drucker in seinem Büro hatte er als Geschenk für mich gekauft, und dann hat er ihn für sich selbst gebraucht. Er war keiner von der romantischen Sorte, die einen mit Schmuck überraschen, aber ich habe ihn trotzdem geliebt."

Ein Beispiel beschreibt Tilmanns Charakter perfekt: „Wenn ich die Augen schließe und mir Tilmann vorstelle, dann sehe ich ihn im Urlaub. Er sitzt still am Strand mit den Kindern, freut sich an der gleißenden Sonne, baut mit ihnen Sandburgen. Ach was, Sandburgen – es waren eher Kunstwerke. Unglaublich, was sie zuwege gebracht haben. Es war alles so detailliert, so vollkommen. Und genauso war Tilmann. Wenn er etwas machte, selbst so etwas Banales wie eine Sandburg am Strand, dann wurde es richtig gut. Vollkommen."

Wenn Susanne aus ihren Gefühlen für Tilmann ein Geheimnis machen will, dann ist ihr das schlecht gelungen. Es steht ihr ins Gesicht geschrieben. Ihre Augen blitzen, ihre Wangen glühen. Er mochte seine Fehler haben wie jeder Mensch, aber er hatte eben auch umwerfende Qualitäten.

„Er musste keinen großen Aufwand treiben, um mit den Kindern was zu erleben – obwohl er auch das manchmal tat. Aber oft war er es zufrieden, wenn er einfach nur bei ihnen saß und gar nicht viel machte, einfach nur mit ihnen redete. Ein schöner Anblick."

Nicht das Ende

Susanne schließt ein letztes Mal die Tür, nachdem sie gerade noch ein weiteres Interview gegeben hat. Sie hat inzwischen die Erfahrung gemacht, dass die Pressetermine sie ungemein anstrengen und ermüden, auch wenn sie ihr natürlich Gelegenheit verschaffen, der ganzen Welt die Botschaft von Jesus zu sagen. Susanne muss aber auch an ihre eigenen Bedürfnisse und an die ihrer Kinder denken. Mit einem hörbaren Seufzer der Erleichterung hängt sie die Türkette ein. Körperlich ist sie am Ende. Die letzten neun Wochen fordern ihren Tribut.

Sie macht sich auf den Weg ins Wohnzimmer und nimmt unterwegs ein Glas Tee mit. Die Sonne ist schon fast hinter dem Horizont verschwunden und wirft lange Schatten im Raum. Susanne zieht die Gardine zur Seite, öffnet die Terrassentür und lässt die kühle Abendluft hereinströmen. Die Kinder sind draußen beim Spielen.

Das Leben wird weitergehen für Susanne. Es muss. Das ist nicht das Ende. Tilmanns Leben ist vorbei, er ist heimgerufen worden in die Herrlichkeit, aber Susannes Berufung, ihrem Herrn zu dienen, bleibt.

„Ich bin nicht der superheilige Typ, für den mich die Leute halten", sagt Susanne im Versuch weiszumachen, dass sie sich nur verhalten hat, wie sich jeder andere Christ verhalten würde. „Vor Gott sind wir alle gleich, jeder hat seine Aufgabe zu erfüllen." Susanne weiß, dass ihre Rolle und ihr Dienst ungleich schwerer geworden sind, aber sie bleibt dabei: Sie hat nur getan, was Gott ihr aufgetragen hat. Sie wiederholt, dass sie nichts Besonderes sei, nur weil sie weit von ihrem Heimatland entfernt arbeitet.

„Wir sind nun einmal in der Türkei, aber wir führen deshalb kein anderes Leben, als wir es in Deutschland und England geführt haben. Ich habe Familie, ich mache den Abwasch, ich muss mich um meine Kinder kümmern, und ich habe Nachbarn, über die ich mir Gedanken mache – so wie jede andere Mutter auch. Der einzige Unterschied ist, dass ich mich auf eine andere Kultur und Sprache einstellen muss. All die anderen Aufgaben sind alltägliche Dinge, die man überall auf der Welt erledigen muss. Ich lebe einfach nur und darf meinen Kopf dabei nicht vergessen, und ich will es zur Ehre Gottes tun und will seine Botschaft weitergeben."

Trotz ihrer Entschlossenheit, in Malatya zu bleiben; trotz ihrer Leidenschaft, das Evangelium auszubreiten, ist sich Susanne bewusst, dass sie keine leichte Zeit vor sich hat. Als der Sturm des Medieninteresses zum nächsten großen Ereignis weiterzieht, beginnt es ihr allmählich zu dämmern, wie schwer es werden wird. Aber auch das raubt ihr nicht den Grund, aus dem sie in die Türkei gekommen ist. Seit vielen Jahren empfindet sie nun schon Liebe zu den Menschen in diesem Land. Sie lebt in ihrer Mitte, und sie wird sich das durch nichts und niemanden rauben lassen, auch nicht durch den tragischen Tod ihres Mannes.

„So leicht könnte ich mich dem Hass oder bitteren Gefühlen gegen die Türkei und gegen die Menschen hier hingeben, aber ich möchte das nicht. Ich will versuchen zu vergeben, so wie Jesus mir vergeben hat. Ich möchte, dass die Menschen hier die Botschaft von Jesus hören. Ich möchte ihnen gern erklären, dass die Stärke, die sie in mir sehen, gar nicht aus mir selbst kommt; es ist die Stärke des Herrn und die Tatsache, dass Menschen für mich beten."

Als wir, Joanna und Jonathan, jetzt bei Susanne im Wohnzimmer sitzen und über ihr Leben sprechen, erinnert sie sich an ihre Hingabeerklärung von einst an Gott und zieht ihre geliebte Schachtel mit „Erinnerungen" unter dem Schreibtisch hervor. Sie hebt den Deckel ab und kramt ein bisschen, bis sie ein Tagebuch herauszieht. „Aha", erklärt sie triumphierend, offensichtlich zufrieden, das Gesuchte gefunden zu haben. Sie blättert ein wenig darin, bevor sie bei einer Seite verweilt und sagt: „Da ist es ja:

‚Vater im Himmel, ich bitte weder um Gesundheit noch um Krankheit, weder um Leben noch um Tod, sondern darum, dass du über meine Gesundheit und meine Krankheit, über mein Leben und meinen Tod verfügst zu deiner Ehre und meinem Heil. Du allein weißt, was mir dienlich ist. Du allein bist der Herr, tue, was du willst. Gib mir oder nimm mir, aber mache meinen Willen dem deinen gleich.'" (Blaise Pascal)

Das war ihr Tagebucheintrag an jenem Freitagabend, dem 20. Januar 1989. Wissend lächelnd liest Susanne ihr Gebet von jenem

Abend zu Ende und hält dann inne. Hat sie heute noch dieselbe Hingabe, dieselbe Sehnsucht?

„Das ist es, was ich immer gewollt habe – sein Wille sollte mein Wille sein. Manchmal weiß ich nicht, was ich tun soll, ob ich diesen oder jenen Weg einschlagen soll. Aber mein Wunsch war immer, dass Gottes Wille mein Wille sein sollte, in meinem ganzen Leben, in jeder Situation. ‚Mach mit mir, was du willst‘, habe ich gesagt, ‚aber ich möchte immer das tun, was du willst.‘“

Nachwort

Joanna und ich sind dabei, unsere Notizen abzutippen. Wir sitzen in meinem ruhigen, sicheren Büro vor dem Computer und sind immer noch tief beeindruckt von der bemerkenswerten Frau, die wir da vor wenigen Monaten kennengelernt haben. Wir suchen die abschließenden Worte zusammen, mit denen wir die aufwühlenden Eindrücke einer Lebensreise schildern können. Und dabei können und dürfen wir nicht jene letzten Augenblicke vergessen, die wir mit einer wirklich außergewöhnlichen Frau und zweien ihrer drei liebenswerten Kinder verbracht haben. Bevor der Hotelportier einen lauten Pfiff über den Vorplatz ertönen ließ, um den dösenden Taxifahrer zu wecken, mussten wir Susanne noch etwas fragen. Wir konnten einfach nicht nach Hause zurückkehren ohne eine Antwort auf diese Frage: „Warum?"

Warum hat sie uns, Joanna und mir, zwei jungen Menschen aus Nordirland, Einblicke in ihr Heim und in ihr Leben gewährt, in einer Zeit tiefer Verletzlichkeit und großer emotionaler Belastungen? Wir haben ihr sehr persönliche Fragen über ihr Leben und, vielleicht noch schwieriger, über Einzelheiten des Todes ihres geliebten Mannes gestellt. Sie hätte unsere E-Mails und Anrufe in jeder Phase des Projekts ignorieren, uns die Tür vor der Nase zuschlagen, ihre Geschichte für sich behalten können. War es Geltungssucht? Diese Frau hat die wochenlange Belagerung ihrer Wohnung durch die Weltpresse ertragen – berühmt war sie ohnedies. Ging es um Geld? Susanne hat nie nach dem finanziellen Ertrag gefragt, den der Verkauf ihrer Geschichte vielleicht bringen wird. Was war es dann?

Doch, Susanne weiß, warum sie uns eingeladen hat, ihr Leben zu erzählen, und bevor ich noch das Wort „Warum" ganz ausgesprochen habe, erklärt sie es uns bereits.

„In meinem Leben als Christin hier in der Türkei und daheim in Deutschland sind mir allzu viele U-Boot-Christen begegnet – Gläubige, die am Sonntag den Kopf aus dem Wasser strecken, sich zu erkennen geben, aber von Montag bis Samstag tauchen sie ab. Christen heben sich zumeist nicht mehr von der Masse ab; sie legen es gar nicht darauf an, anders zu sein. Viele machen sich unsichtbar, bis der Sonntag kommt, und dann erwacht ihr Glaube plötzlich zum Leben. Ich hoffe, dass die Geschichte meines Mannes und das mutige Bekenntnis seiner beiden Freunde zu Jesus die Christenheit herausfordert, nicht länger untergetaucht zu bleiben, sondern sich zu erheben, kraftvoll aufzutreten und Jesus überall auf der Welt zu bezeugen.

Jesus hat zu seinen Jüngern gesagt: ‚Wenn jemand mir nachkommen will, der verleugne sich selbst und nehme sein Kreuz auf und folge mir nach. Denn wenn jemand sein Leben erretten will, wird er es verlieren; wenn aber jemand sein Leben verliert um meinetwillen, wird er es finden' (Matthäus 16,24-25).

Was die Zukunft angeht: Doch, ich mache mir Sorgen, aber ich versuche, nicht ständig daran zu denken. Mir ist klar, dass ich eine große Verantwortung für meine Kinder habe. Ich muss sie versorgen und großziehen. Außerdem habe ich die Gemeinde hier, und auch da trage ich ein Stück Verantwortung, aber bin ich allein? Nein! Ich muss das nicht alleine schaffen. Ich habe eine große Familie, plus meine Organisation und meine Kollegen. Und vor allem habe ich meinen Gott. Ich bin nicht allein."

Diese mutige Frau Gottes hat uns Respekt eingeflößt. Eine trauernde Witwe, die ihr Kreuz trägt und sich täglich neu opfert,

ungeachtet des Kummers und des unsäglichen Drucks, der viele
andere aufgeben ließe.

Zur Ehre Gottes und in liebevoller Erinnerung an seine drei Kinder, die als Märtyrer für ihn starben und nun in Gottes Ewigkeit
leben:

Ugur Yüksel, geboren 1975

Necati Aydin, geboren 1972

Tilmann Geske, geboren 1961

„Kostbar ist in den Augen des Herrn der Tod seiner Frommen."
(Psalm 116,15)

Dank

Dieses Buchprojekt war die bei weitem größte Herausforderung, der wir uns bis jetzt stellen mussten. Wir sind Susanne Geske dankbar, dass sie uns zu einem Zeitpunkt Einblick in ihr Leben und ihr Zuhause gegeben hat, als die Ermordung ihres Mannes erst kurze Zeit zurücklag. Ihre Ehrlichkeit und Güte hat uns überwältigt. Wir bewundern zutiefst ihre Hingabe an die Menschen, zu denen sie sich geschickt weiß.

Während wir zu Recherchen und Interviews in der Türkei waren, haben viele Menschen für uns gebetet. Ihre Liebe und Unterstützung haben uns getragen.

Herzlichen Dank an Anna für die Hilfe bei der Übersetzung; an Mark, der dieses Projekt ermöglicht hat, und an Charlotte, die mit Geduld und Einfühlungsvermögen das Manuskript bearbeitet hat.

Wir hegen große Hochachtung für alle, die sich unablässig für die verfolgte Gemeinde Jesu einsetzen. Wir danken für ihr heldenhaftes Engagement. Wir hoffen, dass die weltweite Christenheit sensibel wird für das Leiden unserer auf vielfältige Weise unterdrückten und misshandelten Geschwister im Glauben und sich ihre Sache zu eigen macht.

Nordirland, im Frühjahr 2008 *Jonathan Carswell*
Joanna Wright

Benutzte Literatur, soweit sie nicht in den Anmerkungen genannt ist

Wilhelm Busch, *Jesus unser Schicksal,* Neukirchen-Vluyn 2005

dcTalk, *Live like a Jesus Freak: Spend today as if it were your last,* Bethany House Publishers, Minnesota/USA 2001

Frank E. Peretti, *Die Finsternis dieser Welt.* Roman, Gerth Medien, Asslar 2008

Charles Marsh, *Unmöglich für Gott?,* Neuhausen-Stuttgart 1980

Rechtenachweis

S. 116: I will sing your praises (Liedanfang: „Father God I wonder"), deutscher Titel: „Vater, deine Liebe", Musik und Text: Ian Smale, deutscher Text: Helga König, © 1984 Thankyou Music/D, A, CH: Gerth Medien Musikverlag, Asslar; mit freundlicher Erlaubnis.

Anmerkungen

[1] Name geändert.

[2] dcTalk/The Voyce of the Martyrs (Hrsg.), *Andachten für Jesus Freaks*, Asslar 2002, S. 12.

[3] Susanne bat uns, keine Einzelheiten der Folter zu schildern.

[4] Am Tag der Tat identifizierte ein Mitarbeiter des Verlages Tilmanns Leichnam. Was er berichtete, deckt sich mit den Aussagen des Autopsieberichtes.

[5] pro 3/2007, S. 21

[6] „Father God, I wonder", Text und Musik: Ian Smale, deutscher Text: Helga König, Gerth Medien Musikverlag Assler.

[7] Unbekannter Autor

[8] http://www.asianews.it/view.php?l=en&art=7451; 10.11.2006.

[9] am 23. Juni 1963 beim „Großen Marsch auf Detroit" in Michigan, dokumentiert z.B. auf http://www.stanford.edu/group/King/publications/speeches/Speech_at_the_great_march_on_detroit.html